**„Am Erbstreit sind nicht immer die Erben, sondern oft der Erblasser selbst schuld."**

Das Gesamtvermögen der Deutschen hat den kaum vorstellbaren Wert von 7 Billionen EUR erreicht. Jahr für Jahr stehen Vermögenswerte von rund 50 Milliarden EUR zur Übertragung an. Der weitaus größte Teil davon entfällt auf Grundbesitz.

Die Frage, ob Vermögen noch zu Lebzeiten oder erst von Todes wegen auf die nächste Generation übertragen werden soll, ist eine der wichtigsten Entscheidungen im dritten Lebensabschnitt eines Menschen. Die Beteiligten sind sich der Konsequenzen dieser weit tragenden Entscheidung nur selten voll bewusst, da häufig übereilt und ohne neutrale, kompetente Beratung gehandelt wird. Nicht selten werden gerade ältere Menschen zu einer lebzeitigen Übertragung ihres Vermögens mit mehr oder weniger überzeugenden Argumenten gedrängt.

Nach einer EMNID-Umfrage haben nur 29% der Deutschen eine letztwillige Verfügung errichtet. Ursache hierfür sind unreflektierte Verdrängung, Aberglaube oder die Maxime „Nach mir die Sintflut". Nachlasswerte gehen deshalb in der Regel aufgrund gesetzlicher Erbfolge auf eine Mehrheit von Erben über. Interessengegensätze innerhalb dieser Zwangsgemeinschaft führen häufig zu Streit, der vor Gericht mit großer Härte und Erbitterung ausgetragen wird und bei Nachlassimmobilien immer häufiger zur Teilungsversteigerung führt.

Eine kluge und vor allem vorausschauende Nachlassplanung kann Steuernachteile, Streit unter Angehörigen und die Zerschlagung des Familienvermögens vermeiden. Dieser Ratgeber des „Netzwerks Deutscher Erbrechtsexperten e.V." (www.NDEEX.de) führt in leicht verständlicher Form in wichtige Bereiche des Erbrechts ein. Typische erbrechtliche Fragestellungen, die in der Praxis häufig auftreten, werden klar und übersichtlich beantwortet. Auf Spezialprobleme des Erbrechts wird bewusst verzichtet. Juristische Vorkenntnisse sind für das Verständnis dieses Buches nicht erforderlich.

# Inhaltsverzeichnis

# 1. Die Erben in Familie und Gesellschaft

## 1.1 Die gesetzliche Erbfolge – Wer erbt ohne Testament?

*Viele Bürgerinnen und Bürger nehmen ihre Freiheit, die Vermögensnachfolge nach dem eigenen Tod durch letztwillige Verfügung zu regeln, nicht in Anspruch. Für diesen Fall hat der Gesetzgeber Regelungen geschaffen, die die „gesetzliche Erbfolge" bilden. Diese Bestimmungen finden sich in den §§ 1924 – 1934 BGB (Bürgerliches Gesetzbuch). Im Einzelnen ist hier die Erbfolge durch Blutsverwandtschaft, Ehepartner sowie durch den Staat geregelt – wie gesagt, nur für den Fall, dass keine gültige letztwillige Verfügung vorliegt.*

*Wer aus welchem Grund Anspruch auf das Erbe eines Verstorbenen hat, kann im Einzelfall äußerst kompliziert sein. Ein Erblasser, der sicher gehen will, dass er mit der gesetzlichen Erbfolge genau das erreicht, was er sich wünscht, sollte sich daher von einem versierten Erbrechtsexperten informieren und beraten lassen.*

### Gesetzliche Erbfolge entspricht selten dem Wunsch des Erblassers

*Welche Risiken hat die gesetzliche Erbfolge?*

Die gesetzliche Erbfolge, eine Regelung, die überwiegend aus dem Jahr 1900 stammt, entspricht in der heutigen Zeit immer seltener dem Bedürfnis einzelner Personen. Wer zum Beispiel als Single lebt, geschieden ist, mehrfach verheiratet war oder in einer nicht eingetragenen Lebenspartnerschaft („wilde Ehe") sein Glück findet, ist gut beraten, zu überprüfen, ob nach dem Gesetz am Ende die „gewünschten Erben" (nahe stehende Partner, Freunde) den Nachlass erhalten oder irgendwelche weit entfernte kaum bekannte möglicherweise sogar verhasste Verwandte.

### Gesetzliche Erbfolge bei allein stehenden Personen

Wer keinen Ehepartner (mehr) hat und keinen letzten Willen zu Papier bringt, vererbt sein Vermögen an seine Verwandten. Dabei spielt der Grad der Blutsverwandtschaft eine entscheidende Rolle.

### Erben erster Ordnung

*Was erben Kinder?*

Die gesetzlichen Erben erster Ordnung sind die eigenen Kinder. Mehrere Kinder erhalten vom Nachlass jeweils den gleichen Teil. Ein Kind erhält alles, zwei Kinder jeweils die Hälfte usw. Auch wenn nur ein einziger Erbe erster Ordnung existiert, sind alle anderen Verwandten zweiter, dritter und weiterer Ordnungen von der Erbfolge ausgeschlossen.

*Haben nichteheliche Kinder ein Erbrecht?*

**Beispiel:** Ein alleinlebender Architekt, der nie verheiratet war, stirbt mit 54 Jahren. Da seine Eltern verstorben sind, stellen die beiden Geschwister einen Antrag auf Erbschein. Doch plötzlich meldet sich eine junge Frau, die niemand aus der Familie gekannt hat, und behauptet, sie sei die nichteheliche Tochter des Architekten. Vor Gericht belegt sie ihre Abstammung. Das Gericht stellt der jungen Frau als einziger Erbin einen Erbschein aus, die Geschwister erhalten aus dem Nachlass keinen Cent, nicht einmal einen Pflichtteil.

Was gilt aber, wenn ein Kind des Erblassers bereits verstorben ist und seinerseits Kinder hatte? In diesem Fall erben die Nachkommen des Verstorbenen.
**Beispiel:** Ein Witwer, Vater von drei Kindern, stirbt mit 97 Jahren. Die erste Tochter im Alter von 77 Jahren erhält ein Drittel des Nachlasses, ihre Kinder und Enkel bekommen nichts, es sei denn, sie schlägt das Erbe aus, so dass dann ihre Kinder zum Zuge kämen. Das zweite Kind des 97-Jährigen, ein Sohn, ist bereits mit 66 Jahren gestorben, er hat sieben Kinder, die alle noch am Leben sind. Sie erhalten zu gleichen Teilen sein Drittel des Nachlasses. Das dritte Kind des Erblassers hat zu Lebzeiten einen Jungen adoptiert, ist jedoch bereits verstorben. Der Adoptivsohn erhält ein Drittel des Erbes.

## Erben zweiter Ordnung

*Wer beerbt einen kinderlosen Erblasser?*

Was geschieht, wenn ein Erblasser keine eigenen Kinder hat, weder eheliche noch uneheliche noch adoptierte? In diesem Fall kommen die „gesetzlichen Erben zweiter Ordnung“ in den Genuss des Nachlasses. Das sind die Eltern des Verstorbenen und deren „Abkömmlinge“, also die Geschwister des Verstorbenen, die Neffen und Nichten sowie deren Kinder.
**Beispiel:** Ein unverheirateter Top-Manager mit jährlichem Einkommen in Millionenhöhe hat weder einen Ehepartner noch Kinder, aber ein Vermögen in Höhe von 10 Mio. EUR angehäuft. Nach einem Herzinfarkt infolge chronischer Überarbeitung stirbt er völlig überraschend mit 46 Jahren. Da seine Eltern bereits verstorben sind, kommen nun folgende Verwandten zum Zuge: Der Bruder A, ein Sozialhilfeempfänger, sowie die Schwester B, eine mittellose Malerin, sowie die mit einem reichen Unternehmer verheiratete Schwester C. Sie erben jeweils zwei Mio. EUR und werden von einem zum anderen Tag Multimillionäre. Schwester D ist bereits verstorben, hat aber sechs Kinder, die sich nun zwei Mio. EUR teilen, jeweils also 333.333,33 EUR erben. Recht zufrieden sind sie dennoch nicht, denn sie schauen neidvoll

auf ihre Cousine, einzige Tochter des ebenfalls verstorbenen Bruders E und Studentin der Psychologie im 18. Semester: Sie braucht sich um den eigenen Lebensunterhalt keine Sorgen mehr zu machen.

### Erben dritter, vierter und weiterer Ordnungen

*Wann erbt der Fiskus?*

Gesetzliche Erben dritter Ordnung sind die Großeltern des oder der Verstorbenen und ihre „Abkömmlinge", gesetzliche Erben vierter Ordnung die Urgroßeltern und ihre Abkömmlinge. Nach diesem Muster gibt es noch unendlich viele weitere Ordnungen. Erst dann, wenn überhaupt kein Verwandter ermittelt werden kann, wird der „Fiskus" – also der Staat – Erbe.
**Beispiel:** Ein allein stehender Richter stirbt im Alter von 82 Jahren und hinterlässt eine Immobilie, Aktien sowie Bargeld. Das Nachlassgericht findet zunächst keine Erben. Es forscht in der Familiengeschichte des Verstorbenen, findet jedoch weder unter den Nachkommen der Eltern und Großeltern einen „Abkömmling". Erst unter den gesetzlichen Erben vierter Ordnung wird das Gericht fündig. Die Urgroßeltern hatten einen zweiten Sohn, der wiederum zwei Töchter hatte. All diese Verwandten sind jedoch schon verstorben; allerdings hat die eine Tochter einen Sohn. Dieser 33-jährige Mann wird nun aus heiterem Himmel der alleinige Erbe des verstorbenen Richters, den er nicht kannte und von dessen Existenz er nicht einmal wusste.

### Das gesetzliche Erbrecht der Ehepartner

*Welchen Erbteil erhält der Ehegatte?*

Wer verheiratet ist, beerbt seinen Partner nach dem Gesetz nur selten als alleiniger Erbe, nämlich dann, wenn der verstorbene Partner keine Kinder hatte und seine Eltern und Großeltern bereits verstorben sind.
In allen anderen Fällen wird der überlebende Ehepartner nur gemeinsam mit den eigenen Kindern oder mit den Eltern oder Großeltern des Verstorbenen Erbe. Ehepaare, die vermeiden wollen, dass der überlebende Partner sich mit weiteren Erben auseinandersetzen muss und dadurch eventuell in finanzielle Schwierigkeiten gerät, sollten auf jeden Fall ein Testament errichten.
**Beispiel:** Eine junge Familie hat sich mit enormen finanziellen Anstrengungen und erheblichen Eigenleistungen ein eigenes Haus geschaffen, um für die geplanten Kinder ein schönes Zuhause zu haben und im Alter keine Miete zahlen zu müssen. Bevor der Kinderwunsch in Erfüllung geht, kommt der Ehemann bei einem Arbeitsunfall ums Leben. Nun erhält seine Frau drei Viertel des Erbes, die Eltern des Verstorbenen das andere Viertel. Die Ehefrau muss dann das als Sicherheit für das Alter gedachte Haus verkaufen, um

den Eltern des verstorbenen Ehemannes den rechtmäßigen Anteil an dem Erbe auszubezahlen.

**Das Erbrecht bei Familien mit Kindern**

| | Ehegattenerbteil | | |
|---|---|---|---|
| **Güterstand** | **neben 1 Kind** | **neben 2 Kindern** | **neben 3 Kindern** |
| **Zugewinngemeinschaft** | 1/2 | 1/2 | 1/2 |
| **Gütertrennung** | 1/2 | 1/3 | 1/4 |
| **Gütergemeinschaft** | 1/4 | 1/4 | 1/4 |

*Der Güterstand bestimmt den Ehegattenerbteil.*

**Hausrat, Auto, Luxusgegenstände**

Der Gesetzgeber hat dafür gesorgt, dass der überlebende Ehepartner bei gesetzlicher Erbfolge, das heißt, wenn kein Testament oder Erbvertrag vorliegen, den Hausrat behält. Wer ein Testament schreibt oder einen Erbvertrag abschließt, muss dem Ehegatten den Hausrat ausdrücklich per Vermächtnis zuwenden, sonst gehört der Hausrat zur Erbschaft, die allen Erben zusteht.

Was alles zum Hausrat zählt, hängt davon ab, ob Kinder des Verstorbenen oder Blutsverwandte ab der zweiten Ordnung neben dem Ehegatten erben. Wenn die Kinder erben, hat der überlebende Ehepartner lediglich Anspruch auf notwendige Gegenstände aus dem Hausrat. Dazu zählen die Einrichtung der gemeinsamen Wohnung, Gegenstände des täglichen Lebensbedarfs, auch das Auto, nicht aber entbehrliche Luxusgegenstände. Besser gestellt sind Ehepartner, die keine Kinder haben und mit den anderen Verwandten teilen. Sie können auch Luxusgegenstände aus dem gemeinsamen Erbe behalten. All diese Gegenstände werden im Gesetz mit dem Begriff „Voraus“ bezeichnet. „Voraus“ bedeutet, dass die Hausratsgegenstände vor

*Der Voraus – ein Sonderrecht des Ehegatten*

der Teilung des Nachlasses an den überlebenden Ehepartner übereignet werden.
Im Einzelfall kann es sich bei dem „Voraus“ um ein beträchtliches Vermögen handeln (Antiquitäten, Auto, Kunstgegenstände, Haushaltsmaschinen, Hobby-Ausrüstungen). Es kann sich also für den überlebenden Ehepartner durchaus lohnen, bei Streitigkeiten in der Familie in Zusammenarbeit mit einem Erbrechtsexperten um den rechtmäßigen „Voraus“ zu kämpfen.

### Geschiedene oder in Scheidung lebende Ehepartner

*Geschieden – auch vom Nachlass*

Mit der Scheidung verliert ein Ehepartner den gesetzlichen Anspruch auf das Erbe des bisherigen Partners. Gleiches gilt sogar schon mit dem Scheidungsantrag, wenn die Voraussetzungen für die Scheidung gegeben sind. Der geschiedene Ehepartner geht leer aus, wenn der ehemalige Partner stirbt. Für manchen Ehegatten kann dies nach jahrzehntelanger Ehe sehr bitter sein, wenn er selbst kein Vermögen hat, der ehemalige Ehepartner jedoch über Immobilien, Aktien und Bargeld verfügt.
Nur in wenigen Fällen kommt der geschiedene Ehepartner doch noch in den Genuss des Vermögens, das der ehemalige Ehepartner vererbt. Dies ist zum Beispiel der Fall, wenn ein gemeinsames Kind der geschiedenen Eheleute zunächst erbt und dann seinerseits ohne Testament verstirbt. In diesem Fall wird der überlebende Elternteil nach der gesetzlichen Erbfolge Erbe dieses Kindes.

### Die Ansprüche eingetragener Lebenspartner

Gleichgeschlechtliche eingetragene Lebenspartnerinnen und Lebenspartner sind Ehepartnern erbrechtlich gleichgestellt. Sie beerben ihren Partner, müssen jedoch mit den Blutsverwandten des Partners (Kindern, Eltern, Großeltern und ihren Abkömmlingen) genauso teilen wie überlebende Ehepartner. Wer eine von dieser gesetzlichen Regelung abweichende Erbnachfolge anstrebt, muss per Testament oder Erbvertrag seinen Willen niederlegen.

### Das Erbrecht bei Paaren ohne Trauschein

*Ohne Trauschein auch kein Erbrecht*

Frauen und Männer, die ohne den Segen des Staates zusammenleben, haben nach dem Gesetz keinerlei Anspruch auf das Erbe ihres Partners. Stirbt plötzlich der eine Partner, kann das für den anderen zu einer extremen

Härte führen. Denn nun erben ausschließlich dessen Blutsverwandte, während dem überlebenden Partner gerade mal seine eigenen zum Leben notwendigen Gegenstände aus dem gemeinsamen Hausrat bleiben – oft also so gut wie nichts.

**Expertentipp:** Wer auch nur den Verdacht hat, dass die gesetzliche Regelung nicht dem eigenen Willen und Interessen entspricht, ist gut beraten, über ein Testament oder einen Erbvertrag nachzudenken.

**Was ein Erbrechtsexperte für Sie tun kann:**

- Information darüber, ob die gesetzliche Erbfolge für Sie und Ihre Familie günstig ist und Ihrem besonderen Bedarf entspricht
- Beratung über verschiedene Möglichkeiten, die gesetzliche Erbfolge durch ein klug gestaltetes Testament auszuschalten
- Optimale Lösungen für die Absicherung von Ehepartnern, behinderten Kindern, bedürftigen Verwandten
- Unterstützung bei der exakten Ermittlung des „Voraus“ und der korrekten Teilung des Nachlasses
- Anwaltliche Vertretung von Erben, die irrtümlich nicht bei der Erbteilung berücksichtigt wurden

*Ein Testament schützt vor Nachteilen der gesetzlichen Erbfolge.*

## 1.2 Die Ehe als Steuerspargemeinschaft

*Die Ehe ist aus mehreren Gründen eine Steuerspargemeinschaft. Um bei der Übertragung von Eigentum innerhalb der Familie geschickt und völlig legal Steuern zu sparen, muss man wissen, wann, wo und wie der Bürger dies umsetzen kann.*

### Übertragung eines „Familienwohnheims" ist steuerfrei

*Schenkung einer Immobilie – und der Fiskus geht leer aus*

Unabhängig vom ehelichen Güterstand kann ein Ehepartner dem anderen Partner schenkungsteuerfrei sein „Familienwohnheim" übertragen. Ein solches „Wohnheim" ist ein Haus oder eine Wohnung, in dem sich der Mittelpunkt des familiären Lebens zu eigenen Wohnzwecken befindet. Auch Teilübertragungen sind möglich. Sogar mehrfach kann ein Ehepartner dem anderen ein „Familienwohnheim" zukommen lassen. Man muss die Immobilie auch nicht bis in alle Ewigkeit selbst nutzen, um die Möglichkeit der steuerfreien Übertragung zu haben, da es keine Behaltensfrist gibt. Ferien- und Wochenendhäuser sowie Häuser, die sich im Ausland befinden, können dagegen nicht auf diesem Wege steuerfrei übertragen werden.

### Zugewinn ist steuerfrei

Wenn die Ehepartner in Zugewinngemeinschaft leben (also nicht durch Ehevertrag einen anderen Güterstand vereinbart haben), fällt im Fall der Scheidung ein erzielter Zugewinn schenkungsteuerfrei dem anderen Partner zu. Ein etwaiger Zugewinn fällt auch im Erbfall dem Ehepartner erbschaftsteuerfrei zu. Unter steuerlichen Gesichtspunkten ist die Zugewinngemeinschaft also sehr vorteilhaft.

*Der gesetzliche Güterstand bietet Steuervorteile.*

**Beispiel:** Die Ehefrau besitzt bei Eheschließung ein Wertpapierdepot in Höhe von 400.000 EUR. Der Ehemann hat kein Vermögen. 15 Jahre später wird die Ehe geschieden; das Wertpapierdepot hat zwischenzeitlich einen Wert von einer Mio. EUR. Die Ehefrau hat damit einen Zugewinn von einer Mio. abzüglich 400.000 = 600.000 EUR erzielt, der nach § 1378 BGB zu teilen ist. Der geschiedene Ehegatte bekommt von seiner Frau also 300.000 EUR als Zugewinn – und zwar steuerfrei nach § 5 Abs. 2 ErbStG.
Endet im Beispielsfall die Ehe durch den Tod der Ehefrau und hat sie den Ehemann testamentarisch als Alleinerben eingesetzt, gehört dem Ehemann das Depotkonto im Werte von einer Mio. EUR. Zu versteuern braucht er aber nicht eine Mio. EUR abzüglich seiner Freibeträge, sondern nur 700.000 EUR abzüglich seiner Freibeträge. Der Zugewinn von 300.000 EUR ist absolut steuerfrei. Der Grund ist § 5 Abs. 1 ErbStG. Im Falle der Scheidung hätte der

Ehemann 300.000 EUR steuerfrei bekommen. Durch den Tod des Ehegatten soll er steuerlich nicht schlechter gestellt sein. Insoweit spricht man von fiktivem Zugewinnausgleich.

### Modifizierte Zugewinngemeinschaft – bei Scheidung kein Zugewinn, im Erbfall aber Steuerersparnis

*Steuern sparen durch die richtige Wahl des Güterstands*

Oft haben Ehegatten den Wunsch, Gütertrennung zu vereinbaren, um anlässlich einer Scheidung die Durchführung des Zugewinnausgleiches zu vermeiden. Das ist vor allem bei Ehen üblich und sinnvoll, in denen ein Ehegatte selbstständig ist. Wird eine uneingeschränkte Gütertrennung vereinbart, verlieren die Ehegatten aber die Steuervorteile für den Todesfall. Diese Folge kann mit einer ehevertraglichen Vereinbarung, der so genannten modifizierten Zugewinngemeinschaft vermieden werden. Dabei beschränken die Ehegatten die Vereinbarung der Gütertrennung ausdrücklich auf den Fall der Scheidung. Im Übrigen belassen sie es für den Erbfall bei der steuerlich begünstigten Zugewinngemeinschaft. Diese Vereinbarung schlägt also zwei Fliegen mit einer Klappe.

**Expertentipp:** Bei der Gestaltung einer letztwilligen Verfügung sollte immer auch ein vorhandener Ehevertrag überprüft und bei Bedarf ergänzt werden.

### Steuervorteil „Güterstandsschaukel“

Um möglichst viel Vermögen innerhalb der Familie steuerfrei unter Nutzung aller Freibeträge auf die Kinder übertragen zu können, ist es in manchen Fällen sinnvoll, vom Güterstand der Zugewinngemeinschaft vorübergehend abzuweichen und Gütertrennung zu vereinbaren, um dann wieder in die Zugewinngemeinschaft zu wechseln. Dieses „Schaukeln“ von Güterstand zu Güterstand lohnt sich jedoch nur bei einem sehr hohen Zugewinn.

*Verschenken Sie keine Steuerfreibeträge!*

**Beispiel:** Ein Ehepartner erzielt während der Ehe einen Zugewinn von zwei Mio EUR. Der andere Partner bleibt hingegen völlig mittellos. Bei Bestehen einer Zugewinngemeinschaft kann nur der reiche Ehepartner seinen Kindern steuerfrei alle zehn Jahre Vermögen innerhalb der Freibeträge von derzeit 205.000 EUR pro Kind übertragen. Der arme Elternteil hätte nichts, könnte daher nichts verschenken oder vererben, und die Kinder könnten damit auch keinen Freibetrag nutzen. Anlässlich des Wechsels von der Zugewinngemeinschaft zur Gütertrennung kann der arme Partner den Ausgleich des Zugewinns, also die Hälfte von zwei Mio. EUR fordern und erhält mit einem Schlag 1 Mio. EUR steuerfrei. Angenommen, das Ehepaar will einen wesentlichen Teil seines Vermögens auf die Kinder übertragen, können jetzt sowohl der Vater als auch die Mutter jedem Kind steuerfrei 205.000 EUR zukommen lassen. Diese steuerfreie Übertragung kann alle zehn Jahre wiederholt werden.

**Was ein Erbrechtsexperte für Sie tun kann:**

*Kompetente Beratung schützt Ihr Vermögen vor dem Fiskus.*

- Beratung bei einer steueroptimalen Vermögensübertragung auf Ihre Familie
- Überprüfung und gegebenenfalls „Reparatur" früherer Eheverträge und letztwilliger Verfügungen
- Berechnung des Zugewinnausgleichs im Schenkungs- und Erbfall für steuerliche Zwecke

## 1.3 Paare ohne Trauschein, aber mit Testament

*Die Zahl der nichtehelichen Lebensgemeinschaften in Deutschland steigt. Allein von 1996 bis 2004 verzeichnete das Statistische Bundesamt einen Zuwachs um 34 Prozent auf 2,4 Mio. Für viele Menschen ist diese Lebensform also attraktiv. Doch durch die Brille des Erbrechts- und Steuerexperten gesehen, ist das Zusammenleben ohne Trauschein alles andere als günstig.*

### Wilde Ehe – beliebt zu Lebzeiten, ernüchternd nach einem Todesfall

*Ohne Testament keine Absicherung beim Tod des Lebenspartners*

Erb- und steuerrechtlich ist der überlebende Partner im Vergleich zu einem verwitweten Ehepartner stark benachteiligt. Wer die Vorzüge einer „wilden Ehe" genießt, ist gut beraten, sich mit dem Ärger und den Versorgungslücken zu beschäftigen, die nach einem Todesfall dem überlebenden Partner das Leben schwer machen können.

### Nach Gesetz kein Erbrecht für Partner

Nichteheliche Lebensgefährten haben überhaupt kein gesetzliches Erb- oder Pflichtteilsrecht beim Tod des Partners. Das gilt auch dann, wenn die Lebensgemeinschaft auf Dauer bestanden hat, den Charakter einer Ehe angenommen hat und der Überlebende seinen Partner intensiv über Jahre hinweg gepflegt und in dieser Zeit kein eigenes Einkommen erzielt hat. Es erben nach der gesetzlichen Erbfolge die Verwandten, nicht der Lebensgefährte.

### Nachfolgeregelung in manchen Fällen nicht erforderlich

Das kann so gewollt sein. Wo nichts oder wenig zu vererben ist, braucht man sich um eine Nachfolgeregelung nicht zu kümmern. Bei nichtehelichen Lebenspartnern, die glücklich zusammenleben, ihr Vermögen aber nach dem Gesetz den Kindern vererben wollen, ist es nicht erforderlich, etwas zu regeln. Dies gilt insbesondere dann, wenn die beiden Partner wirtschaftlich unabhängig voneinander gesichert sind. Nach einer neuen gesetzlichen Bestimmung tritt der Überlebende automatisch in den Mietvertrag des verstorbenen Partners ein, so dass selbst das Weiterleben in der gemeinsamen Mietwohnung kein Problem darstellt.

*Wer bekommt die Wohnung im Erbfall?*

### Wohnrecht nur für 30 Tage?

*Nach 30 Tagen muss die Wohnung geräumt werden.*

Wenn die Lebenspartner zusammen in der Eigentumswohnung oder im Privathaus des einen Partners gewohnt haben, gilt folgende Regelung: Lediglich 30 Tage lang (der Anspruch heißt im Gesetz „Dreißigster“) kann der Überlebende noch die Wohnung oder das Haus nutzen, danach können die Erben ihn buchstäblich „vor die Tür setzen“. Die Partner können dies ausschließen, zum Beispiel indem der Eigentümer der Immobilie dem Lebenspartner ein zeitlich befristetes oder lebenslanges Wohnrecht einräumt.

### Absicherung des Lebenspartners: Testament oder Erbvertrag

Zur wirtschaftlichen Absicherung eines Lebenspartners ist entweder ein Testament oder ein Erbvertrag notwendig. Die beiden Partner können aber kein gemeinschaftliches Ehegattentestament und damit auch kein so genanntes „Berliner Testament“ errichten. Größtmögliche Absicherung bietet die Einsetzung des Lebenspartners als Alleinerbe. Wenn jedoch ein Partner (noch) verheiratet ist und keinen Scheidungsantrag gestellt hat, kann die (Noch-) Ehepartnerin den Pflichtteil einfordern. Auch die eigenen Kinder sind pflichtteilsberechtigt. Ein Lebenspartner, der als Alleinerbe eingesetzt wurde, kommt deshalb noch keineswegs ganz allein in den Genuss des Vermögens, das der Verstorbene hinterlässt. Pflichtteilsschulden sind sofort mit dem Erbfall fällig. So können die gesetzlichen Erben bis zu 50 Prozent des Nachlasses in Bargeld fordern. Häufig wird übersehen, dass auch die Eltern eines kinderlosen Lebenspartners pflichtteilsberechtigt sind und Anspruch bis zur Hälfte des Vermögens erheben können.

*Dem Partner als Erben drohen Pflichtteilsansprüche.*

**Beispiel:** Eine Lebenspartnerin erbt als Alleinerbin von ihrem verstorbenen Freund ein Haus im Wert von 500.000 EUR und 5.000 EUR Bargeld. Nach dem plötzlichen Tod des Lebenspartners, der noch verheiratet war und noch keinen Scheidungsantrag gestellt hatte, machen die Ehefrau und vier Kinder ihren Pflichtteilsanspruch geltend. Das bedeutet, dass die Lebenspartnerin von 505.000 EUR Vermögen von einem Tag auf den anderen 252.500 EUR Pflichtteilsschulden bezahlen muss: Die Ehefrau bekommt ein Viertel (126.250 EUR) und die vier Kinder jeweils 31.562,50 EUR.

Um dem überlebenden Lebenspartner Pflichtteilsansprüche zu ersparen, gibt es Möglichkeiten. So kann man den Noch-Ehepartner mit einem Scheidungsantrag als Erben ausschließen. Anders ist das bei den Kindern. Schutz vor der „Pflichtteilshaftung“ bietet hier folgende Lösung: Söhne und Töchter verzichten notariell auf den Pflichtteil – freiwillig oder gegen Zahlung einer Abfindung.

## Schenkungen in den letzten Jahren vor dem Tod – keine Lösung

Wer das Pflichtteilsrecht kurz vor dem absehbaren Tod durch Schenkungen an den Lebenspartner aushebeln möchte, kommt damit nicht ans Ziel. Denn alle Schenkungen in den letzten zehn Jahren sind nicht einfach verloren für die Pflichtteilsberechtigten. Kinder, Eltern und Noch-Ehepartner des Verstorbenen können fordern, dass das verschenkte Vermögen als Teil des Erbes gewertet wird. Sie machen dann so genannte „Pflichtteilsergänzungsansprüche" geltend. In der Konsequenz bedeutet das, dass der überlebende Lebenspartner den Wert des gesetzlichen Pflichtteils aus der Schenkung in bar auszahlen muss.

*Schenkungen können zur Pflichtteilshaftung führen.*

## Absicherung von Lebenspartnerin und Kindern

Je nach Familienverhältnissen kann man individuelle Regelungen treffen, die für alle Hinterbliebenen – auch den Lebenspartner – eine gute Lösung darstellen. So kann man die überlebende Partnerin per Vermächtnis durch ein Wohnrecht, ein Nießbrauchsrecht oder eine Leibrente absichern und den Kindern das Vermögen hinterlassen. Im Einzelfall kann es auch sinnvoll sein, die Lebenspartnerin als „Vorerben" und die Kinder oder Geschwister als „Nacherben" einzusetzen. In diesem Fall kann die Lebenspartnerin nach dem Todesfall aus dem Nachlass nichts verschenken, nichts verkaufen und nichts mit Grundpfandrechten belasten. Nach ihrem Tod erben sodann die Kinder als „Nacherben".

## Witwer mit Ehegattentestament als Lebenspartner

Häufig wird übersehen, dass nicht immer das letzte Testament das gültige ist, auch wenn auf dem Papier „Mein letzter Wille" steht. Ehepartner, die ein gemeinsames Testament errichten, sind an diesen „letzten Willen" gebunden, sobald die Ehefrau – oder der Ehemann – gestorben ist. Es ist dann in der Regel nicht mehr möglich, die Erbfolge zu Gunsten eines Lebenspartners abzuändern.

*Verlust der Testierfreiheit bei verwitweten Partnern?*

Hier muss man sich aber die juristischen Feinheiten ganz genau anschauen. In manchen Fällen ist ein Widerruf des gemeinsamen Ehegatten-Testaments möglich. Und in seltenen Fällen kann das gemeinsame Testament auch durch eine Anfechtung zu Fall gebracht werden. Wer auf diesem schwierigen Terrain etwas erreichen will, kommt ohne einen in der Materie versierten Erbrechtler nicht weiter.

### So geht eine Schenkung unwiederbringlich verloren

*Müssen Geschenke im Erbfall zurückgegeben werden?*

Lebenspartner schenken sich nicht nur Liebe: Sie übereignen sich – häufig schon zu Lebzeiten – auch materielle Werte: Schmuck, Autos, Geld und Immobilien. Doch damit ist ein erhebliches Risiko verbunden. Scheitert die nichteheliche Lebensgemeinschaft, kann der großzügige Schenker nun nicht auf einmal die Herausgabe der verschenkten Gegenstände verlangen. Egal wie hoch der Wert ist, die per Schenkung übereigneten Dinge bleiben Eigentum des oder der Beschenkten.

Ähnliches gilt, wenn der beschenkte Partner vor dem Schenker stirbt. Alles was verschenkt wurde, ist für den Schenker verloren, wenn kein Testament vorliegt. Die gesetzlichen Erben kommen dann in den Genuss der Vermögenswerte.

**Expertentipp:** Gegen den Verlust von Schenkungen kann man sich per Vereinbarung absichern. So ist es sinnvoll, wenn die nichtehelichen Lebenspartner vereinbaren, dass die geschenkten Gegenstände sowohl bei der Auflösung der Lebenspartnerschaft als auch beim Tod des beschenkten Partners an den Schenker zurückfallen.

### Pflege- und betreuungsbedürftige Lebenspartner

*Was gilt im Pflegefall des Lebenspartners?*

Eine besondere Problematik entsteht, wenn ein Partner pflege- oder betreuungsbedürftig wird. Ärzte, Krankenhäuser und Pflegeeinrichtungen dürfen nur Verwandte über den Gesundheitszustand informieren. Bei Betreuungsbedürftigkeit setzen die Vormundschaftsgerichte in der Regel nur Familienangehörige oder ausgebildete Kräfte als Betreuer ein. Um zu erreichen, dass die Lebenspartner als Ansprechpartner akzeptiert werden, als Bevollmächtigte für den Partner handeln können und als Betreuer eingesetzt werden, muss man mit einer Vorsorgevollmacht und/oder Betreuungsverfügung arbeiten.

### Hohe Erbschaftsteuerlast

*Ohne Trauschein droht hohe Steuerlast.*

Wer die Ehe meidet, meidet auch eine Steuerspargemeinschaft. Partner ohne Trauschein unterliegen nicht erst im Schenkungs- und Erbfall einer hohen Steuerlast. Schon zu Lebzeiten zahlen sie Einkommensteuern nach einem hohen Steuersatz (Steuerklasse I) und können nicht das „Ehegattensplitting“ nutzen. Nach dem Tod des Lebensgefährten können sie als Erben nur minimale Erbschaftsteuer-Freibeträge (derzeit: 5.200 EUR) in Anspruch nehmen.

Um die Erbschaftsteuerlast zu minimieren, kann man einiges tun. So kann es sinnvoll sein, dass die Lebenspartner dann, wenn einer der beiden schwer erkrankt ist, doch noch heiraten, um dann Immobilien und andere Vermögenswerte auf den voraussichtlich überlebenden Partner steuergünstig zu übertragen. Auch spezielle Gestaltungen beim Abschluss von Lebensversicherungen kommen zur Einsparung hoher Erbschaftsteuern in Frage.

### Was ein Erbrechtsexperte für Sie tun kann:

*Vorsorge für den Lebenspartner durch kluge Gestaltungen*

- Vertragliche Regelungen für das Zusammenleben ohne Trauschein
- Beratung zur Absicherung der Partner und Kinder
- Vertragslösungen für Erben, zum Beispiel bei Verzicht auf Pflichtteil gegen Zahlung einer Abfindung
- Anfechtung eines nicht mehr gewollten Ehegattentestaments
- Mediation bei Erbstreitigkeiten
- Maßnahmen zur Verminderung der Steuerlasten
- Vertretung bei verworrenen Eigentumsverhältnissen
- Abwehr unberechtigter Ansprüche

## 1.4 Die Frau als Erblasserin und Erbin

*Dieses Kapitel für die Frauen wurde nicht deshalb in den Ratgeber aufgenommen, weil es etwa ein besonderes Erbrecht für die Frau gäbe. Frauen müssen aber aufgrund ihrer Situation in der Gesellschaft und Familie einige Besonderheiten beachten, die hier behandelt werden.*

### Die Möglichkeiten der Witwe, das gemeinsame Vermögen aus der Ehe zu erhalten

*Liquiditätsprobleme für die Witwe*

Durch die gesetzliche Erbfolge kann eine Ehefrau nach dem Tod ihres Partners in große Schwierigkeiten geraten. Denn die Ansprüche anderer Erben (zum Beispiel der Kinder oder der Eltern des Ehemanns) können so hoch sein, dass sie nicht mit dem verfügbaren Bargeld zu bezahlen sind.

**Beispiel:** Ein jung verheiratetes Ehepaar erwarb im Jahr 1958 in München ein Grundstück und baute ein Haus. Der Quadratmeterpreis bewegte sich damals in der Größenordnung von 15 EUR, das Einfamilienhaus kostete 40.000 EUR, insgesamt wurden für Grundstück und Haus 50.000 EUR investiert. Das Ehepaar hat drei Kinder, beim Tod des zuerst versterbenden Ehemanns im Jahr 2004 sind sie bereits erwachsen. Über die Jahrzehnte ist der Wert des bebauten Grundstücks stark gestiegen, die Quadratmeterpreise in Münchner Wohngegenden bewegten sich beim Tod des Ehemanns in der Größenordnung von 750 bis 800 EUR. Das Anwesen der Eheleute ist nun 1 Mio. EUR wert. Der Witwe gehört bereits die Hälfte des Hauses, die andere Hälfte ist der Nachlass des Verstorbenen. Bei gesetzlicher Erbfolge erhalten nun die Kinder die Hälfte des Nachlasses im Wert von 250.000 EUR. Will die Witwe das Haus für sich erhalten, muss sie den Kindern den Betrag ausbezahlen. Kann sie ihn nicht aus anderen Vermögenswerten (Aktien, Bargeld, Lebensversicherung) aufbringen, muss das Haus verkauft werden.

*Eine Ausschlagung der Erbschaft kann finanzielle Vorteile bringen.*

Da die gesetzliche Erbfolge für den überlebenden Ehepartner oder die Witwe außerordentlich ungünstig sein kann – wie im Beispiel gezeigt –, hat es der Gesetzgeber dem überlebenden Eheleuten zugebilligt, alternativ das Erbe auszuschlagen und für sich den Zugewinn während der Dauer der Ehe sowie den Pflichtteil aus der Erbschaft einzufordern. Mit dieser Alternativlösung stellt sich die Witwe im vorliegenden Beispiel wesentlich besser.
**Variante:** Der Zugewinn des Ehemanns errechnet sich aus der Differenz zwischen dem Vermögen des Mannes im Jahr 1958 und dem Wert des Vermögens im Todesjahr 2004. Da das Haus im Jahr 1958 noch mit einer Hypothek in Höhe von 20.000 EUR belastet war, hatte der Ehemann im Jahr 1958

lediglich ein Vermögen in Höhe von 15.000 EUR, im Todesjahr war jedoch sein Anteil an dem gemeinsamen Anwesen bereits 500.000 EUR wert. Der Zugewinn beträgt also 485.000 EUR und steht der Witwe ganz allein zu. Darüber hinaus bekommt sie noch ihren Pflichtteil aus dem restlichen Vermögen, also ein Viertel von 15.000 EUR, das sind 3.750 EUR.

*Kurze Entscheidungsfrist von 6 Wochen!*

Wichtig beim Tod des Ehepartners ist Folgendes: Nach der Testamentseröffnung kann die Witwe – oder der Witwer – nur innerhalb von sechs Wochen das Erbe ausschlagen. In dieser Frist sind viele andere Dinge zu erledigen. Der überlebende Ehepartner sollte sich daher rasch informieren, welche Lösung für ihn und die Familie die günstigere Wahl ist.
Zurück zum Beispiel: Bei Einvernehmen zwischen der Mutter und ihren Kindern ist es meist relativ egal, welche Variante gewählt wird. Die Kinder werden in diesem Fall die Mutter nicht zwingen, das eigene Haus zu verlassen und zu verkaufen. Bei Streitigkeiten oder auch bei hohem Geldbedarf eines Kindes aufgrund von Schulden, ist die Mutter aber gut beraten, ihre Interessen zu wahren und den im Einzelfall sehr beachtlichen Zugewinn für sich zu beanspruchen.

## Überraschung nach dem Todesfall: Geliebtentestament

Es kommt zwar selten vor, ist aber besonders niederschmetternd für die nächsten Angehörigen: Der Familienvater vererbt sein Vermögen einer Geliebten. Die Ehefrau und die Kinder sind nach dem Testament enterbt und müssen sich mit dem Pflichtteil zufrieden geben. Doch halt! Ist dieses Testament überhaupt gültig? Diese Frage sollten die enterbten Familienmitglieder sehr genau klären. Es gibt mehrere Ansatzpunkte, um ein ungünstiges Testament zu Fall zu bringen. Bei einem handschriftlichen Testament kann man in Zweifel ziehen, dass der Erblasser testierfähig war, als er seinen letzten Willen zu Papier brachte. Alles, was darauf hindeutet, dass der Vater nicht mehr einsichtsfähig war, kann man als „Beweis" vor Gericht vorbringen.
Beim „Geliebtentestament" gibt es jedoch für die Witwe und die Kinder noch eine andere Möglichkeit. Falls die Erbschaft eine Art Lohn für Liebesdienste darstellt – in der Rechtsprechung wurde hierfür die Formulierung „Hergabe für die Hingabe" geprägt – oder aus einer familienfeindlichen Gesinnung heraus errichtet wurde, kann es zu Fall gebracht werden. Ein Richter kann diesen letzten Willen für ungültig erklären. Die Witwe und ihre Kinder sollten möglichst viele stichhaltige „Beweise" für die Sittenwidrigkeit und/oder Familienfeindlichkeit ins Feld führen.

*Sittenwidrigkeit des Geliebtentestaments?*

Die großzügig bedachte Geliebte wird ihrerseits versuchen, zu beweisen, dass der Geliebte „achtenswerte Motive“ hatte, als er sein Testament verfasste. Sie wird auf eine längere intensive Beziehung hinweisen, ihre aufopferungsvolle, uneigennützige Pflege des alten Herrn erwähnen und sexuelle Kontakte in Abrede stellen.
Wer immer ein Testament zu Fall bringen möchte, braucht einen guten Rechtsanwalt, einen Erbrechtler, der in der Lage ist, zusammen mit seinen Mandanten die erforderlichen Beweise zusammenzutragen und den Richter oder die Richterin zu überzeugen.

**Die Witwe eines Unternehmers**

*Vorsorge des Unternehmers für seine Ehefrau*

Wenn der Erblasser ein größeres Unternehmen hinterlässt, das nach seinem Tod weitergeführt wird, kommt auf die Witwe und ihre Kinder eine nicht zu unterschätzende Aufgabe zu. Die Hinterbliebenen müssen sicher stellen, dass das Unternehmen korrekt und kompetent weitergeführt oder verkauft wird. In jedem Fall müssen sie dafür sorgen, dass alles mit rechten Dingen zugeht und dass erforderlichenfalls kompetente Personen als Geschäftsführer engagiert werden.

**Was ein Erbrechtsexperte für Frauen im Erbfall tun kann:**

- Beratung vor Errichtung eines Testaments
- Beratung nach Erbfall (Annahme oder Ausschlagung des Erbes)
- Anwaltliche Vertretung zur Durchsetzung von Erb- oder Pflichtteilsansprüchen
- Klage gegen ein familienfeindliches oder sittenwidriges Testament

# 2. Professioneller Umgang mit Geld und Vermögen

## 2.1 Schenken und Steuern sparen

*Um die Erbschaftsteuer auf einen erträglichen Betrag zu senken, kann man Vermögen zu Lebzeiten schrittweise auf die Familie übertragen und damit alle zehn Jahre die Steuerfreibeträge ausschöpfen. Diese so genannte „vorweggenommene Erbfolge“ zahlt sich allerdings in der Regel erst bei größeren Vermögen aus.*

### Vorausschauende Planung kann zu hohen Steuerersparnissen führen

Wer mit großen Anstrengungen über Jahrzehnte ein beachtliches Vermögen zusammengetragen hat, tut sich schwer mit der Vorstellung, dass die Familie eines Tages den Nachlass mit dem Fiskus teilen muss. Aus diesem Grund nutzen gerade vermögende Personen die Möglichkeit, ihr Vermögen „häppchenweise“ durch Schenkung auf die nächste oder übernächste Generation zu übertragen. Alle zehn Jahre kann man dabei Steuerfreibeträge nutzen, die bei den nächsten Angehörigen ganz beachtlich sind:

*Freibeträge alle 10 Jahre nutzen*

| | |
|---|---|
| Ehepartner | 307.000 EUR |
| Kind (jedes einzeln) | 205.000 EUR |
| Enkelkind (jedes einzeln) | 51.200 EUR |
| Geschwister/Schwiegerkinder | 10.300 EUR |
| Andere (z.B. der Lebensgefährte) | 5.200 EUR |

Bei langfristiger Planung kann durch geschicktes Agieren ein beträchtlicher Anteil des Vermögens legal am Fiskus vorbei an Familienmitglieder weitergeben werden.

**Beispiel:** Ein Unternehmer hat im Jahr 1984 ein Vermögen von 6 Mio. EUR In den Jahren 1984, 1994 und 2004 erhalten seine Ehefrau, seine fünf Kinder und seine neun Enkel jeweils Schenkungen in der Höhe des Freibetrags. Die Schenkungen summieren sich:

| | | | |
|---|---|---|---|
| Bei der Ehefrau | 3mal 307.000 EUR | insgesamt | 921.000 EUR |
| bei den 5 Kindern: | 3mal 205.000 EUR | insgesamt | 3.075.000 EUR |
| bei den 9 Enkeln: | 3mal 51.200 EUR | insgesamt | 1.382.400 EUR |

Die Summe der steuerfreien Zuwendungen beläuft sich auf 5.378.400 EUR. Auf diese gewaltige Summe wird kein Cent Erbschaftsteuer fällig (aus Vereinfachungsgründen wurde vernachlässigt, dass die Freibeträge in der Vergangenheit niedriger waren).

Ohne die Schenkungen würde sich die Vermögenssituation der Familie wesentlich ungünstiger entwickeln. Die Ehefrau würde bei gesetzlicher Erbfolge beim Tod des Ehemannes mit einem Schlag 3 Mio. EUR erben. Davon würden der Ehegattenfreibetrag (307.000 EUR) und der Versorgungsfreibetrag (256.000 EUR) abgezogen. Die Witwe müsste sodann Steuern auf einen Betrag von 2.437.000 EUR bezahlen. Das sind bei einem Steuersatz von 19 Prozent (Erbschaftsteuerklasse I) nicht weniger als 463.030 EUR. Jedes der fünf Kinder müsste auf seinen Erbteil von jeweils 600.000 EUR und einem Steuersatz von 19 Prozent (Erbschaftsteuerklasse I) Erbschaftsteuer in Höhe von 114.999 EUR, insgesamt 570.000 EUR an das Finanzamt abführen. Das Familienvermögen würde bei dieser Variante durch Steuerzahlungen um 1.033.030 EUR geschmälert.

### Steuerersparnis durch Immobilienschenkungen

*Immobilien statt Geld schenken*

Nicht nur durch die wiederholte Nutzung aller Freibeträge kann man die Steuerlast mindern. Auch Immobilienschenkungen bieten Steuervorteile. So werden etwa Grundstücke, Häuser und Eigentumswohnungen in der Regel nur mit 50 – 60 Prozent des Verkehrswertes besteuert. Wer also kein Bargeld oder Aktien verschenkt oder vererbt, sondern Immobilien, kann erhebliche Werte steuerbegünstigt und zudem legal der Familie oder sonstigen Personen (zum Beispiel dem Lebensgefährten) zuwenden.

**Beispiel:** Ehegatten mit einem Kind sind Eigentümer eines Villengrundstücks im Verkehrswert von 800.000 EUR. Steuerlich wird vom Finanzamt – abhängig von den örtlichen Verhältnissen – aber nur ein Wert von rund 400.000 EUR angesetzt. Jeder Elternteil kann also seine Haushälfte mit einem anteiligen Steuerwert von rund 200.000 EUR auf das Kind übertragen. Diese Schenkung ist völlig steuerfrei, da das Kind im Verhältnis zum Vater und der Mutter jeweils einen Steuerfreibetrag von 205.000 EUR in Anspruch nehmen kann.

### Schenkung über Umweg – doppelter Freibetrag

*Umwegschenkungen verdoppeln die Freibeträge*

Eine sehr wirksame Methode, die Erbschaftsteuer zu senken, bietet sich dann an, wenn das Vermögen der Eltern sehr ungleich verteilt ist (ein Elternteil ist vermögend, der andere hat weniger oder kein Vermögen). Um nicht nur einen, sondern zwei Steuerfreibeträge nutzen zu können, wird zunächst ein Teil des Vermögens per Schenkung auf den Elternteil übertragen, der kein Vermögen hat. Nach einiger Zeit wird dann das übertragene Vermögen an das Kind weiterverschenkt. Diese Vorgehensweise kann sich auch anbieten, wenn bei einer Schenkung eine Generation übersprungen werden soll.

**Beispiel:** Großvater G möchte seiner Enkelin E zunächst Wertpapiere im Wert von 150.000 EUR schenken. Die Schenkungsteuer berechnet sich wie folgt:

| | |
|---|---|
| Steuerwert der Wertpapiere | 150.000 EUR |
| Persönlicher Freibetrag der Enkelin ./. | 51.200 EUR |
| Steuerpflichtiger Erwerb | 98.800 EUR |
| Schenkungsteuer hierauf 11 Prozent = | 10.868 EUR |

Hätte Großvater G dagegen zunächst die Wertpapiere seinem Sohn S geschenkt und hätte sich dieser dann entschlossen, seiner Tochter L die Wertpapiere weiterzuschenken, so würde die Schenkungsteuer wie folgt zu berechnen sein:

a) Schenkung Großvater an Sohn:

| | |
|---|---|
| Steuerwert der Wertpapiere | 150.000 EUR |
| Persönlicher Freibetrag des Sohnes ./. | 205.000 EUR |
| Steuerpflichtiger Erwerb | 0 EUR |
| Schenkungsteuer | 0 EUR |

b) Schenkung Sohn an seine Tochter:

| | |
|---|---|
| Steuerwert der Wertpapiere | 150.000 EUR |
| Persönlicher Freibetrag des Sohnes ./. | 205.000 EUR |
| Steuerpflichtiger Erwerb | 0 EUR |
| Schenkungsteuer | 0 EUR |

Die Steuerersparnis würde also 10.868,– EUR betragen.

**Expertentipp:** Zwischen der ersten und zweiten Schenkung muss man eine angemessene Frist verstreichen lassen, sonst betrachtet das Finanzamt den Vorgang als unzulässige „Kettenschenkung" zur Vermeidung von Erbschaftsteuer. Wird eine Immobilie auf diesem Weg übertragen, ist es unerlässlich, dass die beiden Übertragungen der Haushälfte in zwei voneinander unabhängigen Verträgen beurkundet werden. Es muss also zuerst der beschenkte Ehepartner im Grundbuch eingetragen werden. Erst nach einer „Schamfrist" von mindestens einem Jahr sollte die zweite Schenkung erfolgen.

*Vorsicht bei Kettenschenkungen!*

Niemand kann sich sicher sein, dass das deutsche Erbschaftsteuerrecht so großzügig bleibt, wie es ist. Andere Länder besteuern Erbschaften viel stärker als Deutschland. Wer also befürchtet, dass der Staat künftig die Erben weit stärker zur Kasse bittet als heute, sollte die vorweggenommene Erbfolge auch bei niedrigeren Vermögenswerten in Betracht ziehen.

*Wie hoch sind die Freibeträge?*

| Erbschaftsteuerklassen und -freibeträge | | |
|---|---|---|
| **Steuerklasse** | **Erwerber** | **Persönlicher Freibetrag** |
| | Ehegatte | 307.000 EUR |
| I | Kind; Stiefkind; Enkel, falls Eltern vorverstorben | 205.000 EUR |
| | Enkel; Urenkel; Eltern und Großeltern im Erbfall | 51.200 EUR |
| II | Eltern und Großeltern bei Schenkung; Geschwister; Neffen; Nichten; Stiefeltern; Schwiegerkinder; Schwiegereltern; geschiedener Ehegatte | 10.300 EUR |
| III | alle Übrigen, insb. Paare ohne Trauschein | 5.200 EUR |

**Was ein Erbrechtsexperte für Sie tun kann:**

- Beratung zum Thema „Vorweggenommene Erbfolge“
- Erarbeitung einer Konzeption zur legalen Steuerersparnis bei der gesamten Erbfolge
- Gestaltung von Verträgen zur Vermeidung von Streitigkeiten in der Familie durch Schenkungen und Pflichtteilsverzicht.

## 2.2 Banken und Erbrecht

*Für keine Bank oder Sparkasse ist es einfach, sich korrekt zu verhalten, wenn ein Kunde gestorben ist und keinen Bevollmächtigten eingesetzt hat. Kein Geldinstitut lässt sich gerne nachsagen, das Geld ihrer Kunden zu veruntreuen. Angehörige und Erben können nicht damit rechnen, dass sie sofort über die Konten und Schließfächer des Verstorbenen verfügen können.*

### Die Legitimation des Erben gegenüber der Bank

Im Verhältnis zwischen einer Bank und ihren Kunden gelten die „Allgemeinen Geschäftsbedingungen", die meist folgenden Passus oder ähnliche Bestimmungen enthalten:
„Nach dem Tod des Kunden kann die Bank zur Klärung der Verfügungsberechtigung die Vorlegung eines Erbscheins, eines Testamentsvollstreckerzeugnisses oder weiterer hierfür notwendiger Unterlagen verlangen; fremdsprachige Urkunden sind auf Verlangen der Bank in deutscher Übersetzung vorzulegen. Die Bank kann auf die Vorlage eines Erbscheins oder eines Testamentsvollstreckerzeugnisses verzichten, wenn ihr eine Ausfertigung oder eine beglaubigte Abschrift der letztwilligen Verfügung (Testament, Erbvertrag) nebst zugehöriger Eröffnungsniederschrift vorgelegt wird. Die Bank darf denjenigen, der darin als Erbe oder Testamentsvollstrecker bezeichnet ist, als Berechtigten ansehen, ihn verfügen lassen und insbesondere mit befreiender Wirkung an ihn leisten. Das gilt nicht, wenn der Bank bekannt ist, dass der dortgenannte (z. B. nach Anfechtung oder wegen Nichtigkeit des Testamentes) nicht Verfügungsberechtigter ist, oder wenn ihr dies in Folge Fahrlässigkeit nicht bekannt geworden ist."

*Banken verlangen in der Regel einen Erbschein.*

Zum Nachweis des Erbrechts wird die Bank also immer einen Erbschein fordern. Wie die Grundbuchämter akzeptieren in der Regel auch die Banken die Vorlage eines notariellen Testamentes mit dem Eröffnungsprotokoll des Nachlassgerichtes.
Weist aber das Konto nur ein geringes Guthaben auf, stellt das Verlangen der Bank nach einem Erbschein eine rechtsmissbräuchliche Schikane dar, wenn die Kosten und Mühen der Erben in keinem Verhältnis zu dem Geldbetrag auf dem Konto stehen. Falls die Bank auf die Vorlage eines Erbscheins verzichtet, kann sie sich einen vertraglichen Rückzahlungsanspruch für den Fall einräumen lassen, dass der Zahlungsempfänger doch nicht der Erbe ist.

### Die Vollmacht im Erbfall

Eine vom Verstorbenen erteilte Vollmacht erlischt in der Regel nicht durch seinen Tod. Der Bevollmächtigte kann also auch nach dem Tod des Vollmachtgebers über das Vermögen des Verstorbenen verfügen. Der Erbe ist jedoch berechtigt, die Kontovollmacht zu widerrufen.

*Mit der Kontovollmacht die Erbscheinskosten sparen*

Eine Kontovollmacht für den Erben über den Tod hinaus erspart in vielen Fällen die Beantragung eines Erbscheins, sofern der Nachlass überwiegend aus Kontoguthaben besteht. Häufig wird die Bank darauf bestehen, dass die Vollmacht notariell beurkundet oder in Anwesenheit eines eigenen Mitarbeiters unterzeichnet wurde.

Hat zum Beispiel eine alte Dame ihrem Lebensabschnittsgefährten eine Kontovollmacht erteilt, sind ihre Kinder und Erben gut beraten, sofort die Vollmacht außer Kraft zu setzen. Denn der Lebensabschnittsgefährte könnte ohne Probleme die Gelegenheit nutzen und viel Geld in die eigene Tasche stecken. Das Geld würde ihm zwar nicht gehören, aber bis die Erben vor Gericht das Geld eingeklagt haben, könnte es längst verprasst sein – und wo nichts mehr zu holen ist, nützen weder Prozesse noch Rechtsansprüche. Wer daher als Erbe von der Existenz einer Kontovollmacht weiß, die er nicht aufrechterhalten möchte, sollte der Bank den Widerruf in nachweisbarer Form mitteilen. Es ist auch möglich und bei undurchschaubaren Verhältnissen sinnvoll, auf Verdacht sämtliche möglicherweise bestehenden Vollmachten zu widerrufen.

### Die Anzeigepflicht der Bank beim Tod eines Kunden

*Mitteilung an das Finanzamt*

Sobald die Bank vom Tod eines Kunden erfährt, ist sie verpflichtet, innerhalb von einem Monat eine Kontrollmitteilung an die Erbschaftsteuerstelle des Finanzamtes zu senden (§ 33 ErbStG). Bei dieser Meldung hat die Bank das von ihr verwaltete Vermögen und gegen sie gerichtete Forderungen anzuzeigen.

### Das Bankschließfach

Der Schließfachvertrag mit der Bank ist eine Art Mietvertrag. Die Rechte am Schließfach gehen daher auf die Erben über. Erben mehrere Personen, können sie das Bankschließfach nur gemeinsam kündigen und müssen hierzu ihr Erbrecht gegenüber der Bank nachweisen. Nur dann, wenn der Verstorbene dem Erben eine Vollmacht für das Bankschließfach über den Tod hinaus erteilt hat, kann dieser – vor Erteilung eines Erbscheins – über das dort deponierte Vermögen frei verfügen. Höchst problematisch ist eine solche Vollmacht, wenn sie einer Person aus einer Erbengemeinschaft erteilt wurde. Denn der Erbe mit der Vollmacht könnte sich das verwahrte Vermögen – Aktien, Schmuck, Gold und Silber – aneignen, während die anderen Erben nicht nachweisen könnten, was alles in dem Bankschließfach deponiert war. Nicht einmal eine in der Wohnung des Verstorbenen aufgefundene Inventarliste wäre ein brauchbarer Nachweis, dass sich die aufgeführten Gegenstände zum Zeitpunkt des Todes im Schließfach befunden haben.

### Problemfall: Testament im Schließfach

*Testamente nicht im Schließfach verwahren.*

Wenn der Erblasser sein Testament in seinem Bankschließfach eingeschlossen hat, haben die mutmaßlichen Erben ein großes Problem. Sie können nicht nachweisen, dass sie die Erben des Schließfachinhabers sind und deshalb wird sich die Bank weigern, das Schließfach zu öffnen. Der voraussichtliche Erbe muss in diesem Fall eine Nachlasspflegschaft beantragen und feststellen lassen, ob sich im Schließfach ein Testament befindet. Der Nachlasspfleger hat die Aufgabe, das Schließfach zu öffnen und festzustellen, ob sich darin ein Testament befindet. Um diese Schwierigkeiten zu vermeiden, sollte das Testament auf keinen Fall im Bankschließfach hinterlegt werden.

### Die Zahlung der Bestattungskosten durch die Bank

Zum Zeitpunkt der Bestattung des Erblassers ist häufig noch nicht bekannt, wer dessen Erben sind. Kurz nach dem Tod können die Erben in der Regel auch noch kein Testament und kein Eröffnungsprotokoll des Nachlassgerichts vorlegen. Andererseits müssen die Erben die Bestattungskosten begleichen. Aus diesem Grund überweisen im Einzelfall die Banken unbürokratisch die Bestattungskosten gegen Vorlage einer entsprechenden Rechnung. Ein einklagbarer Anspruch, dass die Bank diese Kosten bezahlt, besteht jedoch nicht.

### Gemeinschaftskonten im Erbfall

*Schwierigkeiten mit Gemeinschaftskonten*

Hatte der Erblasser bei der Bank ein Einzelkonto, entstehen kaum Probleme. Der Erblasser war Kontoinhaber und seine Erben treten an seine Stelle. Große Schwierigkeiten können sich jedoch bei der Existenz von

Gemeinschaftskonten auftun, die es in der Form eines Und-Kontos sowie in Gestalt eines Oder-Kontos gibt.

*War darf über Nachlasskonten verfügen?*

Bei einem gemeinschaftlichen Und-Konto können beide Kontoinhaber nur gemeinsam über das Konto verfügen. Eine Einzelverfügung durch einen Kontoinhaber ist also nicht möglich. So kann zum Beispiel die Witwe, die zusammen mit den Kindern erbt, unmittelbar nach dem Todesfall nicht mehr vom Und-Konto Geld abheben. Jeder Miterbe kann also eine Transaktion blockieren.

Gebräuchlicher und weniger problematisch ist im Erbfall das Oder-Konto. Bei diesem Konto kann der eine oder der andere Kontoinhaber über das Geld auf dem Konto verfügen. Jeder ist also alleine befugt, Geld abzuheben oder Rechnungen zu bezahlen. Auch nach dem Erbfall ist der verbliebene Kontoinhaber berechtigt, über das Geld auf dem Konto zu verfügen.

Wichtig ist für den überlebenden Kontoinhaber, zu beachten, dass ihm bei mehreren Erben nicht das gesamte Geld auf dem Konto gehört. Wenn Eheleute ein Oder-Konto eingerichtet haben, gehört in der Regel die Hälfte des Betrages auf dem Konto dem oder den Erben. Nur dann, wenn die Eheleute intern nachweisbar eine andere Aufteilung vereinbart haben, zum Beispiel im Verhältnis ihrer jeweiligen Einzahlungen, kann der Überlebende über seinen eigenen Anteil frei verfügen und muss nur den Anteil des Verstorbenen mit den anderen Erben teilen. Diese Regelung gilt auch für Oder-Depots.

### Der Vertrag zu Gunsten Dritter auf den Todesfall

Die Bank kann dem Erblasser per Vertrag versprechen, dass ein Begünstigter nach seinem Tod das Recht erwirbt, eine bestimmte Leistung von der Bank zu fordern. Beispielsweise kann so der Enkel ein Sparbuch in Höhe von 20.000 EUR erhalten. Bei einem solchen „Vertrag zu Gunsten Dritter auf den Todesfall“ – so die juristisch korrekte Bezeichnung – kann der Enkel einen eigenen Anspruch gegenüber der Bank geltend machen. Besondere Formvorschriften (wie zum Beispiel notarielle Beurkundung) bestehen für solche Verträge nicht. Der Anspruch auf Auszahlung des Sparguthabens gehört nicht zum Nachlass, weshalb auch kein Erbschein benötigt wird. Auf diese Weise lässt sich Geldvermögen – am Nachlass vorbei – auf Ihnen genehme Personen übertragen. Der Begünstigte muss jedoch für das auf diesem Weg erworbene Vermögen in vollem Umfang Schenkung- bzw. Erbschaftsteuer zahlen.

*Das Sparbuch – Zuwendung ohne Notar und Erbschein*

**Was ein Erbrechtsexperte für Sie tun kann:**

*Bei Ärger mit der Bank hilft der Experte.*

- Beratung, wie eine unproblematische Zusammenarbeit mit der Bank zu erreichen ist
- Formulierung oder Überprüfung von Vollmachten, die von der jeweiligen Bank akzeptiert werden
- Anwaltliche Vertretung bei Problemen und Streitigkeiten mit der Bank

## 2.3 Erbrecht und Lebensversicherung – Gestaltungsmöglichkeiten und Risiken

*Mit einer Lebensversicherung kann man einen Teil der Vermögensnachfolge etwas anders gestalten als über ein Testament. Häufig stellt sich für einen allein verdienenden Ehepartner die Aufgabe, den anderen Partner abzusichern. Dies ist oft schon sehr frühzeitig sinnvoll und erforderlich.*

### Die Bedeutung der Lebensversicherung im Erbfall

*Lebensversicherungen schließen Versorgungslücken.*

Wenn eine Ehefrau wegen der Kindererziehung oder aus anderen Gründen nicht berufstätig sein kann und der allein verdienende Partner unvorhergesehen schon nach wenigen Berufsjahren stirbt, reicht der Frau die Witwenrente aus der gesetzlichen Arbeitslosen- oder Unfallversicherung bei weitem nicht aus, um ihren Lebensunterhalt zu bestreiten. Gegen Versorgungslücken bei einem plötzlichen und unerwarteten Todesfall des Alleinverdieners hilft meist nur die Lebensversicherung.
Ein anderes, sehr berechtigtes Motiv, eine Lebensversicherung zu Gunsten seines Ehepartners abzuschließen, ist der Wunsch, die Witwe oder den Witwer nach dem Tod in die Lage zu versetzen, den anderen Erben deren Erb- oder Pflichtteil auszubezahlen. Gerade dann, wenn das Vermögen hauptsächlich aus einer Immobilie oder einer Unternehmensbeteiligung besteht, kommt es durch Erb- oder Pflichtteilsansprüche zu Liquiditätsengpässen. Viele Senioren müssen ihr Haus oder ihre Wohnung nach dem Tod des Ehepartners verkaufen, weil sie den anderen Erben oder den Pflichtteilsberechtigten sonst nicht den Erb- oder Pflichtteil auszahlen können. Mit einer Lebensversicherung ist eine derart ausweglose Situation zu vermeiden.

### Lebensversicherung für den Lebenspartner

*Absicherung für Paare ohne Trauschein*

Relativ oft kommt es vor, dass ein Erblasser auch einer „Geliebten“ aus seinem Vermögen einen Teil zukommen lassen möchte. Dies lässt sich diskret über eine Lebensversicherung bewerkstelligen. Damit kann man vermeiden, dass eine Erbengemeinschaft entsteht, in der sich Ehefrau und Geliebte miteinander auseinandersetzen müssen.

### Die Beteiligten an einer Lebensversicherung

An einer Lebensversicherung sind immer beteiligt:

- der Versicherer
- der Versicherungsnehmer (er schließt den Vertrag ab)
- die versicherte Person
- und der Bezugsberechtigte.

Versicherungsnehmer, versicherte Person und Bezugsberechtigter können, müssen aber nicht, identisch sein. Gerade im Rahmen der Nachlassplanung macht es Sinn, wenn ein Versicherungsnehmer eine Lebensversicherung abschließt und eine andere Person (zum Beispiel der Ehe- oder Lebenspartner) Anspruch auf die Versicherungsleistung hat. Auch die folgende Konstruktion kann im Einzelfall zur finanziellen Absicherung des Sohnes Sinn machen: Der Ehemann ist Versicherungsnehmer, seine Ehefrau ist versichert und der gemeinsame Sohn erhält als Bezugsberechtiger die Versicherungssumme, sobald der Versicherungsfall eintritt.

### Drei wichtige Arten der Lebensversicherung

*Wann ist die Lebensversicherung fällig?*

Neben der Lebensversicherung auf den Erlebens- und den Todesfall gibt es als Mischform die „kapitalbildende Lebensversicherung". Dabei tritt der Versicherungsfall erst dann ein, wenn der vereinbarte Termin für den Erlebensfall gekommen oder die versicherte Person gestorben ist. Die Lebensversicherung wird dann entweder zum vereinbarten Termin oder beim Tod des Versicherten fällig. Je nach Vertrag erfolgt die Auszahlung der Versicherungssumme entweder als Einmalbetrag oder fortlaufend. Viele Versicherer bieten ihren Kunden die Möglichkeit, anstelle einer einmaligen Auszahlung die Versicherungsleistung zu verrenten. Es wird dann ein monatlicher Betrag ausgezahlt.

Wer mit einer Lebensversicherung die Hinterbliebenen absichern will, ist gut beraten, exakt das passende „Produkt" auszuwählen. Beispielsweise bietet es sich an, Angehörige, die nicht mit Geld umgehen können, über eine Lebensversicherung abzusichern, die in Form einer Rente ausgezahlt wird. Auf diese Weise kann man dafür sorgen, dass sich die Versicherungssumme nicht in wenigen Wochen verflüchtigt, sondern der Betroffene monatlich einen Betrag erhält, den er zum Lebensunterhalt ausgeben kann.

### Übertragung einer Lebensversicherung

*Schenkung einer Lebensversicherung*

Wer eine Lebensversicherung abgeschlossen hat und sie – zum Beispiel zur Abgeltung von Erb- oder Pflichtteilsansprüchen – schon zu Lebzeiten verschenken will, kann dies auf zwei Arten tun: Erstens: Der Versicherungsnehmer setzt den Begünstigten beim Abschluss des Versicherungsvertrages oder später als Bezugsberechtigten ein. Zweitens: Der Versicherungsnehmer überträgt den Vertrag auf den Begünstigten, der dann selbst die Pflichten aus dem Vertrag zu erfüllen hat (Prämienzahlungen).

### Lebensversicherung: Teil des Nachlasses im Erbfall?

*Fällt die Lebensversicherung in den Nachlass?*

Bei einer Lebensversicherung zugunsten einer bestimmten Person (etwa dem Erben oder einer „Geliebten") besteht „ein echter Vertrag zu Gunsten Dritter". Der Anspruch auf die Versicherungssumme entsteht dabei unmittelbar in der Person des Bezugsberechtigten, gehört demnach nicht in das Vermögen des Verstorbenen und fällt daher auch nicht in seinen Nachlass. Einzige Ausnahme: Die Ansprüche aus der Lebensversicherung dienen als Sicherheit für einen Kredit. In diesem Fall gehört die Versicherungssumme zum Nachlass, auch wenn ein widerrufliches Bezugsrecht vorliegt.

**Expertentipp:** Setzen Sie auf jeden Fall einen Bezugsberechtigten ein. Nur dadurch können Sie verhindern, dass die Versicherungssumme das Nachlassvermögen erhöht.

### Lebensversicherung und Pflichtteilsansprüche

*Pflichtteilshaftung bei Lebensversicherungen?*

Wie oben dargestellt wurde, fällt bei Benennung eines Bezugsberechtigten die Lebensversicherungssumme nicht in den Nachlass. Pflichtteilsberechtigte Personen können aber unter Umständen so genannte „Pflichtteilsergänzungsansprüche" erheben, wenn der Erblasser und Versicherungsnehmer in den letzten zehn Jahren vor seinem Tod Versicherungsprämien eingezahlt und einen Dritten als Bezugsberechtigten bestimmt hat. Unter Fachjuristen ist strittig, ob in diesem Fall nur die Prämien oder sogar die gesamte Versicherungssumme bei der Pflichtteilsergänzung zu berücksichtigen ist. Die Rechtsprechung tendiert mehr und mehr zu der zuletzt genannten Meinung; Sie sollten deshalb unbedingt den Rat eines Erbrechtsexperten einholen.

**Expertentipp:** Es entstehen keine Pflichtteilsergänzungsansprüche, wenn der Bezugsberechtigte selbst die Prämien zahlt. Diese Zahlungen sollten daher dokumentiert werden. Auf diese Weise kann man gegenüber Pflichtteilsberechtigten nachweisen, dass sie keinen oder nur einen kleinen Pflichtteilsergänzungsanspruch haben. Nützlich kann auch eine privatschriftliche Vereinbarung sein, wonach sich der Bezugsberechtigte freigebig zur Prämienzahlung verpflichtet und der Versicherungsnehmer ihm daraufhin einen Rechtsanspruch auf Auszahlung der Versicherungssumme einräumt. Wer derart komplizierte rechtliche Konstruktionen vermeiden möchte, sollte den Bezugsberechtigten gleich zum Versicherungsnehmer machen.

### Lebensversicherung und Erbschaftsteuer

*Besteuerung der Lebensversicherung*

Ist im Lebensversicherungsvertrag kein Bezugsberechtigter benannt und damit der Versicherungsnehmer selbst der Begünstigte, fällt die Lebensversicherungssumme in den Nachlass. Durch den höheren Nachlasswert kann sich die Erbschaftsteuer erhöhen, wenn die Steuerfreibeträge überschritten werden. Ist der Versicherungsnehmer zugleich die versicherte Person, so muss der benannte Bezugsberechtigte die ausgezahlte Versicherungssumme wie eine Schenkung versteuern. Nahe Verwandte müssen – wenn sie als Bezugsberechtigte eingesetzt sind – jedoch bis zur Höhe des steuerlichen „Versorgungsfreibetrags“ keine Erbschaftsteuer bezahlen.

**Expertentipp:** Es ist zur Vermeidung von Erbschaftsteuer günstig, wenn die Person, die wirtschaftlich abgesichert werden soll, selbst Versicherungsnehmer und Bezugsberechtigter wird. Der Erblasser ist dann lediglich die „versicherte Person“, bei deren Tod der Bezugsberechtigte in den Genuss der Versicherungssumme kommt.

### Der Wert der Lebensversicherung

Der Wert einer Lebensversicherung wird grundsätzlich nach dem Zeitpunkt der Entstehung der Steuer ermittelt. Bei einer Schenkung der Ansprüche aus dem Lebensversicherungsvertrag geschieht dies bei Fälligkeit der Versicherung. Dann sind die Ansprüche mit ihrem Nennwert, demnach mit der Versicherungssumme, anzusetzen.

*Steuerwert einer Lebensversicherung*

Verschenkt der Erblasser die Lebensversicherung vor Fälligkeit – zu Lebzeiten – einem Bezugsberechtigten, der dann die Prämien weiterbezahlt, ist der Wert der Lebensversicherung mit dem Rückkaufswert oder mit dem meist steuerlich günstigeren Zwei-Drittel-Wert der Gesamtsumme der bereits bezahlten Prämien anzusetzen.

**Beispiel:** Ein Arzt schließt eine Lebensversicherung über einen Zeitraum von 20 Jahren ab und spart in den ersten zehn Jahren jeweils 30.000 EUR Prämien an, insgesamt also 300.000 EUR. Dann überträgt er die Lebensversicherung an seinen Sohn, der nun Versicherungsnehmer und Bezugsberechtigter wird. Es fällt nun Schenkungsteuer an. Dabei kann der Sohn wählen, ob er den Rückkaufswert oder den Zwei-Drittel-Wert der noch nicht fälligen Lebensversicherung versteuert. Der Sohn wählt die Zwei-Drittel-Lösung, das heißt, er gibt beim Finanzamt eine Schenkung zu seinen Gunsten im Wert von 200.000 EUR an. Da er als Sohn alle zehn Jahre einen Freibetrag in

Höhe von 205.000 EUR nutzen kann, beträgt die Schenkungsteuer 0 EUR. Hätte der Vater seinem Sohn 300.000 EUR als Bargeld geschenkt, hätte der Sohn auf 95.000 EUR Schenkungsteuern bezahlen müssen, das wären 10.400 EUR gewesen.

**Was ein Erbrechtsexperte für Sie tun kann:**

*Eine Lebensversicherung erfordert kompetente Beratung.*

- Beratung, wie Sie eine Lebensversicherung erb- und steuerrechtlich optimal einsetzen können
- Klärung, wie sich Lebensversicherungen erb- und pflichtteilsrechtlich auswirken
- Abwicklung einer Lebensversicherung nach dem Erbfall

## 2.4 Das Unternehmertestament – unerlässlich für eine Nachfolgeregelung

*Eine Nachfolgeregelung ist nicht nur für ältere Unternehmerinnen und Unternehmer, die kurz vor der Pensionsgrenze stehen, von großer Bedeutung. Auch Selbständige im Alter von 30, 40 oder 50 Jahren müssen künftig für ihre Firma vorsorgen – sonst werden sie von den Banken bei der Kreditaufnahme mit hohen Zinsen regelrecht bestraft. Doch nicht nur für die Firma, auch für die Familie sollten Unternehmer vorsorgen.*

**Die Nachfolgeregelung – schon lange vor dem Erbfall wichtig für das Unternehmen.**

Wer als Inhaber ein Unternehmen leitet, sollte sich schon aus finanziellen Überlegungen heraus frühzeitig mit der Frage auseinandersetzen, wer die Geschäfte später einmal weiterführt und wie der Bestand des Unternehmens langfristig gesichert wird. Nach der „Neuen Baseler Eigenkapitalvereinbarung“ (besser bekannt als „Basel II“), die von den Zentralbanken und Bankenaufsichtsbehörden verfasst wurde und Ende 2006 in Kraft tritt, müssen alle Unternehmen vor der Kredit-Nachfrage ihr „Rating“ durch Vorlage wichtiger Unterlagen systematisch vorbereiten. Denn je besser das Rating, desto niedriger die Zinsen, die für Firmenkredite zu bezahlen sind. Auch eine vernünftige Regelung für die Fortführung des Unternehmens nach dem Tod des Geschäftsinhabers spielt in diesem Zusammenhang eine große Rolle.

*„Basel II“: Kreditwürdigkeit nur bei rechtzeitiger Nachfolgeplanung*

Nichts fürchten die Banken mehr, als eine fehlende oder unsinnige Nachfolgeplanung, die im Erbfall zur Auszahlung hoher Geldbeträge an pflichtteilsberechtigte Personen, zu erdrückenden Steuerlasten und damit zu Liquiditätsengpässen führt. Auch die Handlungsunfähigkeit einer Firma, die von einer zerstrittenen Erbengemeinschaft „geleitet“ wird, ist aus der Sicht der Banken ein Grund, keine Kredite zu gewähren oder hohe Zinsen zu fordern. Neben geprüften Jahresabschlüssen und weiteren Unterlagen („reports“) kommt es also beim Rating durch die Banken ganz entscheidend auf eine hervorragende individuelle Nachfolgeregelung an. Eine perfekte Lösung signalisiert den Banken, dass auch nach einem Todesfall die Geschäfte wie gewohnt laufen können und die monatlich fälligen Zins- und Rückzahlungen bis zur vollständigen Tilgung gesichert sind.

**Ehevertrag, Gesellschaftervertrag, Testament**

*Ehe- und Gesellschaftsvertrag mit dem Testament abstimmen*

In einer umfassenden Nachfolgeregelung ist das Testament immer nur einer von mehreren Bausteinen. Mindestens genauso wichtig sind weitere

Verträge, zum Beispiel der Ehevertrag und der Gesellschaftervertrag. Um eine Weiterführung der Geschäfte nach einem Todesfall zu gewährleisten, ist es außerdem notwendig, mit Vollmachten oder sogar Generalvollmachten zu arbeiten. Unternehmer sollten möglichst einen Nachfolger aufbauen und für seine Qualifizierung sorgen – unabhängig davon, ob er aus der Familie kommt oder nicht.

### Das Testament des Einzelunternehmers

*Kein Unternehmer ohne Testament!*

Wenn ein Einzelunternehmer ohne Testament stirbt, gehen alle Vermögenswerte, Rechtspositionen und Verbindlichkeiten auf die Familie über. Die Familienmitglieder bilden eine Erbengemeinschaft. Dadurch drohen eine Zersplitterung des Betriebsvermögens sowie Streitigkeiten über die Führung des Unternehmens. Diese Konstellation lässt sich durch die Errichtung eines Testamentes vermeiden. Oft ist es sinnvoll, lediglich eine Person zum Alleinerben zu bestimmen, die auch das Unternehmen fortführen soll, während die anderen Angehörigen per Vermächtnis andere Vermögenswerte erhalten. Da der größte Teil des Vermögens von Unternehmern meist in der Firma steckt, führt diese Lösung jedoch zu – meist nicht gewollten – Ungerechtigkeiten. Wer eine faire Verteilung des Gesamtnachlasses anstrebt, benötigt professionelle Beratung. Vor einem selbst gestrickten Unternehmertestament sei hier gewarnt. Mit scheinbar für alle Beteiligten günstigen Anordnungen kann man die Erben regelrecht in den Ruin treiben.

**Beispiel:** Ein Hotelier will seine Ehefrau finanziell absichern und dem einzigen Sohn den florierenden Betrieb überlassen. Er vererbt der Ehefrau die Immobilie (Grundstück und Hotelgebäude in bester Gegend von Hamburg) mit einem Buchwert von 50.000 EUR und einem Verkehrswert von 1 Mio. EUR. Der Sohn bekommt den Hotelbetrieb als Alleinerbe. Diese scheinbar perfekte Lösung ist steuerrechtlich eine Katastrophe. Denn die Trennung der Immobilie vom Hotelbetrieb wird vom Finanzamt als Entnahme gewertet, mit der Folge der Aufdeckung der in der Immobilie ruhenden stillen Reserven. Die Ehefrau hat sofort Einkommensteuer aus dem aufgedeckten Wert nach dem Höchstsatz zu bezahlen. Sie muss die Immobilie verkaufen, um an das Finanzamt Steuern in der Größenordnung von 400.000 EUR zu überweisen.

*Aufdeckung stiller Reserven vermeiden!*

## Nachfolgeregelung bei Personengesellschaften

Ziemlich kompliziert ist die Vererbung bei Gesellschaften, die mehreren Personen gehören (Gesellschaft bürgerlichen Rechts – GbR, Offene Handelsgesellschaft – OHG, Kommanditgesellschaft – KG). Einige Beispiele:

- Gemeinschaftspraxis von Ärzten
- Handwerksunternehmen, das von zwei Meistern geführt wird
- Rechtsanwalts- und Steuerkanzlei mit mehreren Anwälten und Steuerberatern
- Architekturbüro, das mehreren Architekten, Stadtplanern und Innenarchitekten gehört
- Werbeagentur, die von mehreren kreativen Leuten gegründet und geleitet wird
- Handelsfirma zweier Kaufleute

*Schicksal der Gesellschaft im Erbfall?*

Die Gesellschaftsanteile sind in diesen Fällen an Personen und nicht an einen Kapitalanteil gebunden. Sofern im Gesellschaftervertrag nichts anderes geregelt ist, gelten folgende gesetzliche Regelungen:

- Eine Gesellschaft bürgerlichen Rechts GbR löst sich beim Tod eines Gesellschafters auf.
- Eine Offene Handelsgesellschaft OHG besteht weiter; der verstorbene Gesellschafter scheidet aus.
- Eine Kommanditgesellschaft KG bleibt ebenfalls bestehen; der voll haftende Komplementär scheidet mit dem Tod aus, während die Erben eines Kommanditisten mit dem Anteil des Erblassers in die Gesellschaft einsteigen Die Erben werden jeweils abgefunden.

Häufig enthält der Gesellschaftsvertrag aber Regelungen für den Todesfall eines Gesellschafters. Es gibt eine Reihe von Klauseln, die Vor- und Nachtelle entweder für die beteiligten Gesellschafter oder die Erben des Verstorbenen haben. Hier die Wichtigsten:

*Fortsetzungsklauseln – keine statische Lösung!*

**Fortsetzungsklausel:** Die Gesellschaft wird beim Tod eines Gesellschafters mit den übrigen Gesellschaftern weitergeführt. Auch hier fällt der Anteil des Verstorbenen den übrigen Gesellschaftern zu, wofür diese eine Abfindung an die Erben des verstorbenen Gesellschafters zahlen müssen. Dieser Abfindungsanspruch kann aber durch Gesellschaftsvertrag ausgeschlossen werden. Möglich ist auch eine Begrenzung auf den so genannten Buchwert. Stille Reserven und der Firmenwert bleiben bei der Bemessung der Abfindung dann unberücksichtigt. Mit anderen Worten: Hier erhalten die Erben des verstorbenen Gesellschafters lediglich einen kleinen Teil des möglicherweise beträchtlichen Firmenwerts.

**Einfache Nachfolgeklausel:** Nach dieser Klausel treten die Erben eines Gesellschafters in die Gesellschaft ein. Aber auch diese Klausel schafft Probleme. Häufig haben Ehegatten und Kinder als Erben im wahrsten Sinne des Wortes „keine Ahnung" von dem Geschäft des verstorbenen Erblassers. Ihr Interesse reduziert sich darauf, Geld zu erhalten, ohne dass sie in der Lage wären, etwas zu der Gesellschaft beizutragen, deren Erfolg mit der Tätigkeit aktiver, fachkundiger und verantwortlicher Unternehmer steht und fällt.

**Qualifizierte Nachfolgeklausel:** In einer solchen Klausel kann festgelegt werden, dass lediglich eine bestimmte Person als Nachfolger der verstorbenen Person in die Gesellschaft eintreten soll. Damit kann man dafür sorgen, dass ein Gesellschafter in die Firma eintritt, der aufgrund seiner fachlichen Ausbildung und seiner Persönlichkeit zu der „Personengesellschaft" passt.

*Nachfolgeregelung contra Gesellschaftsvertrag*

**Expertentipp:** Bevor ein Unternehmer sein Testament schreibt, muss er prüfen, ob er überhaupt nach den gesellschaftsrechtlichen Regelungen seiner Firma über seinen Anteil frei verfügen kann. Notfalls muss der Gesellschaftsvertrag an das geplante Testament angepasst werden (was jedoch oft nicht möglich ist). Auch die steuerlichen Auswirkungen des geplanten Testaments sind sorgfältig zu prüfen.

### Erbschaft bei GmbH und AG

Weniger kompliziert ist die Nachfolge bei den Kapitalgesellschaften (GmbH oder Aktiengesellschaft). Die Erben erhalten den Anteil am Unternehmen, den der Erblasser ihnen nach der gesetzlichen Erbfolge oder laut Testament hinterlässt. Bei einer Erbengemeinschaft gehört das Aktienpaket den Erben gemeinsam, sie müssen einen gemeinschaftlichen Vertreter bestimmen, der ihre Interessen auf der Aktionärsversammlung vertritt. Die Teilung des Aktienpakets nach der Höhe der Erbanteile ist in der Regel keine große Schwierigkeit. Bei einer GmbH kann die Zersplitterung der Anteile hingegen zur Handlungsunfähigkeit der Firma führen.

*Zersplitterung der Gesellschaftsanteile vermeiden!*

**Was ein Erbrechtsexperte für Sie tun kann:**

- Erb- und erbschaftsteuerrechtliche Beratung bei der Planung der Unternehmensnachfolge
- Formulierung eines Unternehmertestaments unter Berücksichtigung Ehevertrag, Gesellschaftervertrag, Steuerrecht und den Zielen des Unternehmers

# 3. Vorsorge für Unfall, Krankheit, Alter

## 3.1 Die Patientenverfügung

*Viele Menschen empfinden es als wichtig, ihren künftigen Ärzten und Pflegekräften mitzuteilen, wie sie eines Tages behandelt und gepflegt werden wollen, wenn sie sich nicht mehr verständlich machen können. Mit einer „Patientenverfügung" können sie über die Fortführung, die Begrenzung oder den Abbruch medizinischer Maßnahmen in einer unbekannten Zukunft entscheiden.*

### Schritte zur Erarbeitung einer Patientenverfügung

*Sieben Schritte zur Patientenverfügung*

1. Information/Beratung (Medizin/Ethik)
2. Willensbildung (Behandlungswünsche)
3. Textentwurf
4. Prüfung/Optimierung durch Juristen
5. Reinfassung
6. Unterschrift
7. Hinterlegung

### Erlaubte und strafbare Sterbehilfe

Ungültig ist der Wunsch nach aktiver (direkter) Sterbehilfe in einer Patientenverfügung, also die Forderung, den Tod aktiv herbeizuführen. Hierzu kann niemand verpflichtet werden.
Zulässig ist dagegen die Anordnung einer „passiven Sterbehilfe", also der Verzicht auf lebensverlängernde Maßnahmen bei Sterbenden oder Wachkoma-Patienten ohne Aussicht auf Heilung. Passive Sterbehilfe kann bedeuten, dass keine Beatmung, Dialyse, Ernährung und Flüssigkeitszufuhr mehr stattfindet und außer Schmerz- und Beruhigungsmitteln keine Medikamente mehr zugeführt werden.
Auch der Wunsch nach indirekter Sterbehilfe kann in einer Patientenverfügung stehen. Damit akzeptieren Patienten eine bessere Schmerzbehandlung, die zu einer Verkürzung des Lebens führen kann, ohne dass die Lebensverkürzung das Ziel der Behandlung ist.

### Zulässige Bestimmungen in einer Patientenverfügung auf einen Blick:

*Welchen Inhalt hat eine Patientenverfügung?*

- Aussagen zu passiver und indirekter Sterbehilfe
- Behandlungs- und Ernährungsabbruch
- Behandlungsverzicht bei Demenz
- Behandlungsverzicht bei Dauerkoma

- lebenserhaltende Maßnahmen
- Schmerz- und Symptombehandlung
- künstliche Ernährung
- künstliche Flüssigkeitszufuhr
- Wiederbelebung
- künstliche Beatmung
- Dialyse
- Antibiotika-Therapie
- Gabe von Blut und Blutbestandteilen

**Expertentipp:** Entgegen einem vielfach publizierten Rat sollte man die Bestimmungen in einer Patientenverfügung nicht aus Werten, Erfahrungen und dem bisherigen Leben begründen. Je mehr Sie ethisch-moralisch argumentieren, je länger Sie Für und Wider diskutieren, desto größer ist die Gefahr, dass Sie sich in Widersprüche verwickeln und Ihr Wille nicht erkannt wird.

Eine Patientenverfügung bedarf keiner besonderen Form. Sie kann auch jederzeit widerrufen, abgeändert oder vernichtet werden.

**Hinterlegung**

*Eine Patientenverfügung muss leicht auffindbar sein!*

Die beste Patientenverfügung ist nichts wert, wenn sie irgendwo im Verborgenen ihr Dasein fristet. Zur Existenz einer Patientenverfügung sollte man einen Hinweis in der Geldbörse aufbewahren. Wenn die Verfügung selbst in der Wohnung aufbewahrt wird, muss eine vertraute Person Zugang zu der Wohnung haben und sie auffinden können. Alleinstehende Personen müssen in besonderer Weise dafür sorgen, dass die behandelnden Ärzte und Pflegekräfte in einem Notfall deren Patientenverfügung erhalten.

**Was ein Erbrechtsexperte für Sie tun kann:**

- Formulierung einer Patientenverfügung nach Ihren Wertvorstellungen und Wünschen
- Überprüfung einer Patientenverfügung, die Sie selbst verfasst oder unter Verwendung von Formularen erstellt haben
- Anwaltliche Vertretung von Patienten und ihren Angehörigen zur Durchsetzung einer Patientenverfügung bei Auseinandersetzungen mit Ärzten, Krankenhäusern und Pflegeeinrichtungen

## 3.2 Die Vorsorgevollmacht

*Viele Menschen wollen, dass in einem Notfall eine Vertrauensperson stellvertretend für sie Entscheidungen trifft, alltägliche Angelegenheiten regelt und das Vermögen verwaltet. Um einem „Bevollmächtigten" die Möglichkeit zu geben, all das zu tun, was Sie ihm als Aufgabe übertragen wollen, können Sie eine so genannte „Vorsorgevollmacht" unterzeichnen.*

### Welche Aufgaben Sie dem Bevollmächtigten übertragen können:

*Aufgaben Ihres Bevollmächtigten*

- Entscheidung über medizinische Behandlung
- Möglichkeit, über Ausgestaltung der Pflege zu bestimmen
- Regelung des Aufenthalts und von Wohnungsangelegenheiten
- Vertretung gegenüber Behörden und Versicherungen
- Vermögensverwaltung (Geldanlagen, Grundstücksverwaltung)
- Erledigung finanzieller Angelegenheiten (Bezahlung von Rechnungen, Miete)
- Private Korrespondenz mit Verwandten, Freunden, Kollegen
- Vertretung vor Gericht
- Erteilung von Untervollmacht
- Befugnis, Schenkungen gegenüber Personen und Institutionen vorzunehmen

### Auswahl des Bevollmächtigten

Bevor man einer bestimmten Person eine Vollmacht ausstellt, muss man sehr sorgfältig prüfen, ob sie überhaupt für diese Aufgabe in Frage kommt. Es ist ratsam, nur verwandte oder befreundete Personen zu bevollmächtigen, die diese Aufgabe gerne übernehmen. Wichtig ist, dass ein Bevollmächtigter aufgrund seines Gesundheitszustands und Alters in der Lage ist, auch in ferner Zukunft – oft erst nach Jahrzehnten – für den Vollmachtgeber zu handeln. Deutlich jüngere Verwandte oder Freunde sind daher in der Regel gleichaltrigen oder älteren Personen vorzuziehen. Als wichtige Eigenschaft braucht der Bevollmächtigte „Durchsetzungskraft", damit er die Interessen und Wünsche des Vollmachtgebers im Gespräch und im Schriftverkehr mit Dritten wirkungsvoll vertreten kann. Je schwieriger die Aufgabe ist, je mehr juristische Kenntnis gefordert ist, desto stärker kommt auch ein Profi (zum Beispiel ein erfahrener Erbrechtsexperte) als Bevollmächtigter in Frage.

*Bevollmächtigen Sie eine kompetente Vertrauensperson.*

### Vorgehensweise beim Erstellen einer Vorsorgevollmacht

*Acht Schritte zur Vorsorgevollmacht*

1. Suche nach einer oder mehreren Vertrauenspersonen
2. Gespräche, ob Bereitschaft besteht, diese Aufgabe zu übernehmen, eventuell auch in wechselseitigem Interesse unter guten Freunden
3. Sammlung von Inhalten, die geregelt werden sollen
4. Textentwurf für Grundvertrag (mit dem oder den Bevollmächtigten) und Vorsorgevollmacht (Vollmacht gegenüber Dritten zu handeln)
5. Einverständnis der Bevollmächtigten zu den Texten
6. Prüfung/Optimierung der Entwürfe durch Juristen
7. Reinfassung, Unterschrift
8. Hinterlegung

### Schutz vor Risiken

*Missbrauch der Vollmacht verhindern*

Gegen Missbrauch einer Vorsorgevollmacht kann man sich schützen. So ist es außerordentlich wichtig, eine Bereicherung des Bevollmächtigten durch das Abräumen von Konten oder den Verkauf von Aktien und Immobilien zu verhindern. Schützen kann man sich durch wasserdichte rechtliche Vollmachten sowie durch die Einsetzung eines Kontrollbevollmächtigten.

### Anweisungen für den Todesfall

Die Wünsche zur Gestaltung des Begräbnisses gehören nicht in das Testament, sondern in einen gesonderten Vertrag zwischen Vollmachtgeber und Bevollmächtigten. In die Vorsorgevollmacht ist aufzunehmen, wer die Bestattung veranlassen soll. Bis zur Eröffnung eines Testaments können mehrere Wochen vergehen. Es ist dann kaum mehr möglich, den Bestattungswunsch zu erfüllen.

### Hinterlegung einer Vorsorgevollmacht

Bei der Aufbewahrung der Vorsorgevollmacht ist grundsätzlich darauf zu achten, dass der Bevollmächtigte sie auffinden und verwenden kann, wenn er die übertragenen Aufgaben erledigen soll. Andererseits muss man auch ausschließen, dass der Bevollmächtigte schon mit der Vollmacht aktiv wird, bevor die Voraussetzungen hierfür gegeben sind. Beim Vorsorgeregister der Bundesnotarkammer in Berlin ist zwar eine Registrierung, aber keine

Hinterlegung möglich. Sie dient deshalb vorrangig dem Zweck, die Vormundschaftsgerichte darüber zu informieren, ob eine Vorsorgevollmacht für Personen besteht, die betreuungsbedürftig sind.

**Was ein Erbrechtsexperte für Sie tun kann:**

*Vorsorgeregelungen erfordern kompetente Beratung!*

- Formulierung einer Vorsorgevollmacht nach Ihren Vorstellungen und Ihrem Bedarf
- Juristische Prüfung einer von Ihnen verfassten Vorsorgevollmacht
- Aufbewahrung einer Vorsorgevollmacht und Aushändigung an den Bevollmächtigten, sobald die Arbeit mit der Vollmacht beginnen soll
- Anwaltliche Vertretung von Vollmachtgebern oder seinen Verwandten bei missbräuchlicher Verwendung einer Vorsorgevollmacht
- Arbeit als Kontrollbevollmächtigter zur kontinuierlichen Überprüfung, Begleitung und Unterstützung der Arbeit Ihres Bevollmächtigten (Schutz vor missbräuchlicher Verwendung der Vollmacht)

## 3.3 Die Betreuungsverfügung

*Mit einer „Betreuungsverfügung" können Sie dem Vormundschaftsgericht mitteilen, wer eines Tages die erforderliche Betreuung für Sie übernehmen soll. Es ist möglich, eine oder mehrere konkrete Personen (Betreuer und Ersatzbetreuer) zu benennen oder die Merkmale zu beschreiben, die der Betreuer haben soll (z. B. Erfahrung mit Vermögensverwaltung, Tierliebe, Verwandter). Sie können auch konkrete Vorgaben zur Art und Ausgestaltung der Betreuung bekannt geben. Die Richter sind an Ihre Vorgaben gebunden und müssen danach handeln.*

### Checkliste zur Betreuungsverfügung

*Acht Schritte zur Betreuungsverfügung*

1. Wer soll mein Betreuer sein?
2. Wer soll mein Ersatzbetreuer sein?
3. Wer soll auf gar keinen Fall mein Betreuer sein?
4. Wer will mein Betreuer sein?
5. Welche besonderen Wünsche habe ich bei der Durchführung der Betreuung (bestimmtes Heim o. ä.)?
6. Sollte ich (auch) eine Vorsorgevollmacht errichten?
7. Ort, Datum, Unterschrift
8. Registrierung, Hinterlegung

Aus Furcht vor einer Betreuung setzen zahlreiche Bürgerinnen und Bürger heute auf eine Vorsorgevollmacht. Sie wollen nicht, dass ein unbekannter Richter und ein fremder Betreuer über ihr Schicksal entscheiden. Aufgrund der nicht gänzlich auszuschließenden Risiken einer Vorsorgevollmacht sollte man die Betreuungsverfügung aber als eine Alternative oder Ergänzung zur Vorsorgevollmacht in Betracht ziehen. Die Kontrolle des Betreuers durch einen unabhängigen Richter ist eine für die Betroffenen sehr gute und in der Praxis bewährte Lösung.

### Hinterlegung

*Hinterlegung beim Vormundschaftsgericht*

In einigen Bundesländern kann man die Betreuungsverfügung beim Vormundschaftsgericht hinterlegen. Ob diese Möglichkeit besteht, ist bei dem jeweiligen Vormundschaftsgericht direkt zu erfragen. Eine Hinterlegung bei den Personen, die Sie als Betreuer benennen, ist durchaus möglich.

**Expertentipp:** Vor allem allein lebende Personen haben ein erhebliches Hinterlegungsproblem. Denn im Notfall kann es sein, dass niemand die in der Wohnung aufbewahrten Dokumente auffindet. Daher folgender Rat: Man muss dafür sorgen, dass die richtigen Personen später einmal an die Dokumente herankommen, die zur Vorsorge bei Krankheit, Unfall und Alter verfasst wurden.

**Was ein Erbrechtsexperte für Sie tun kann**

*Auch Standardvordrucke erfordern Beratung!*

- Formulierung einer Betreuungsverfügung nach Ihren Vorstellungen und Wünschen
- Anwaltliche Vertretung von Patienten und Angehörigen bei Problemen mit dem Betreuer und der Betreuung

# 4. Der letzte Wille

## 4.1 Testament und Erbvertrag

*Alle Bürgerinnen und Bürger haben das Recht, zu Lebzeiten nach eigenen Vorstellungen und Vorlieben zu bestimmen, welche Personen oder auch Organisationen eines Tages ihren Nachlass erben sollen. Dieses Recht wird auch als „Testierfreiheit" bezeichnet.*

**Wer seinen letzten Willen niederlegen will, hat die Wahl zwischen folgenden Alternativen:**

*In welcher Form kann man testieren?*

- handschriftliches oder notarielles Testament
- gemeinschaftliches Ehegattentestament
- Erbvertrag

Die Testamentserrichtung ist ein höchst persönliches Rechtsgeschäft. Generell scheidet daher eine Vertretung durch Dritte aus. Es ist also nicht möglich, stellvertretend für einen anderen Menschen zu testieren.

### Testierfähigkeit

Alle Erwachsenen, die testierfähig sind, können ein rechtsgültiges Testament errichten. Sogar schreib- und sprechunfähige Menschen können testieren, wenn sie ihren Willen in irgendeiner Weise deutlich machen können. Jugendliche können bereits ab 16 Jahren ihren letzten Willen niederlegen, müssen dies jedoch beim Notar tun, das handschriftliche Testament eines 16- oder 17-Jährigen wäre ungültig.
Menschen, die aufgrund einer Erkrankung oder nach einem Unfall nicht in der Lage sind, ihre Handlungen und Erklärungen zu verstehen, können kein gültiges Testament errichten. Um zu vermeiden, dass in medizinischen Grenzfällen ein Testament nach dem Tod mit dem Hinweis auf eine schwere geistige Erkrankung und nicht mehr gegebene Einsichtsfähigkeit angefochten wird, ist es sinnvoll, sich kurz vor Testamentserrichtung fachärztlich untersuchen zu lassen.

*Gutachten zur Testierfähigkeit beugt Streit vor*

### Das handschriftliche Testament

Viele Menschen wählen zu Recht die einfache, traditionelle Form des Testaments. Sie schreiben mit der Hand auf ein Blatt Papier „Testament" oder „Mein letzter Wille", geben sodann – in mehr oder weniger leserlicher Schrift – bekannt, wer welche Gegenstände oder Geldbeträge bekommen soll, notieren Ort und Datum und setzen die Unterschrift unter dieses Dokument. Fertig ist das Testament.

Dabei ist aber einiges zu beachten. Um rechtsgültig zu sein, muss das Testament erstens von Anfang bis Ende handschriftlich verfasst und zweitens unterschrieben sein. Die Angabe von Ort und Datum ist nicht notwendig, aber sehr sinnvoll. Wenn eine Person über die Jahre mehrere widersprüchliche Testamente verfasst, ohne das Datum anzugeben, kann später der „letzte Wille" – also das zuletzt verfasste Testament – nicht mehr zweifelsfrei festgestellt werden. Streitigkeiten – auch vor Gericht – sind häufig die Folge.

*Wie errichtet man ein handschriftliches Testament?*

**Das öffentliche (notarielle) Testament**

Die Errichtung eines notariellen Testaments läuft meist dergestalt ab: Der Notar fertigt von dem mündlich vorgetragenen letzten Willen eine Niederschrift an und liest sie dem Testierenden vor. Wenn keine Änderungen mehr gewünscht werden, unterschreiben beide, der Erblasser und der Notar. Das beurkundete Testament wird dem Erblasser in Abschrift zugesandt und das Original im Notariat verwahrt.
Ebenfalls möglich ist es, dem Notar ein Dokument in einem offenen oder verschlossenen Umschlag zu übergeben und zu erklären, es handele sich um den letzten Willen. Das Dokument muss nicht handschriftlich geschrieben sein. Der Notar beurkundet sodann das Testament, das damit Rechtsgültigkeit erhält.

**Aufbewahrungsort und Hinterlegung**

Wer Wert darauf legt, dass das Testament nach dem Tod aufgefunden und beachtet wird, muss sich um einen sicheren Aufbewahrungsort und die leichte Auffindbarkeit kümmern. Die Aufbewahrung in einem Versteck, zum Beispiel im Umschlag eines Buches, ist nicht zu empfehlen. Denn wenn die Angehörigen in diesem Umschlag nicht suchen und das Testament nicht finden, kann der letzte Wille nicht beachtet werden. Die Hinterlegung in einem Banksafe stellt die Angehörigen, Freunde oder andere Erben vor ein gewaltiges Problem, denn um gegenüber der Bank nachweisen zu können, dass sie berechtigt sind, den Safe zu öffnen, müssen sie gegenüber der Bank das Testament vorlegen.

*Testamente nicht im Banksafe hinterlegen!*

Wer mit seinem Testament Personen enterbt, die nach der gesetzlichen Erbfolge zum Zuge gekommen wären, sollte dafür sorgen, dass nicht diese es sind, die das Originaldokument mit der niederschmetternden Botschaft auffinden. Ein unliebsames Stück Papier ist schnell spurlos verschwunden.

Unproblematisch ist es dagegen, den Personen, die von einem Testament profitieren, schon zu Lebzeiten eine Kopie zu übergeben und zu vermerken, wo sich das Original befindet. Auch mündliche und schriftliche Hinweise gegenüber den eigenen Kindern oder nahe stehenden Freunden, wo das Testament aufzufinden ist, sind sinnvoll.
Während die Aufbewahrung zu Hause immer mit einer gewissen Unsicherheit verbunden ist, geht man mit der Hinterlegung beim Amtsgericht auf Nummer sicher. Die Kosten für diese Dienstleistung hängen vom Nachlasswert ab und sind relativ gering.

*STIFTUNG WARENTEST: „90 % aller privatschriftlichen Testamente sind fehlerhaft.“*

**Expertentipp:** Viele Testamente sind fehlerhaft oder enthalten Bestimmungen, die unklar oder für die Erben ungünstig sind. Oftmals werden mögliche Steuervorteile aus Unwissenheit verschenkt. Wer handschriftlich testiert, sollte sich von einem Erbrechtsexperten beraten lassen, bevor die Anordnungen zu Papier gebracht werden.

### Das Ehegatten-Testament

In einem gemeinschaftlichen Testament können Ehepartner ihre Vermögensnachfolge aufeinander abstimmen. Das privatschriftliche Ehegattentestament ist gültig, wenn es als „letzter Wille“ oder „Testament“ – bezeichnet, handschriftlich von einem Partner geschrieben ist und sodann beide Partner mit ihrer Unterschrift dessen Gültigkeit bestätigen. Auch hier ist es ratsam, Datum und Ort zu ergänzen.
Eine häufig gewählte Form des gemeinschaftlichen Testaments ist das so genannte „Berliner Testament“. Damit setzen sich die Ehegatten als Alleinerben und andere Personen – in der Regel die eigenen Kinder – als Schlusserben ein (vergleiche Kapitel 4.2).

*Wie kann ein Ehegattentestament widerrufen werden?*

**Expertentipp:** Zu Lebzeiten kann ein Ehegatte das gemeinschaftliche Testament einseitig widerrufen. Zu diesem Zweck muss er den Widerruf von einem Notar beurkunden lassen. Er muss außerdem dem anderen Partner den Widerruf zustellen lassen.

### Der Erbvertrag

Mit einem Erbvertrag kann ein Erblasser entweder mit der eigenen Familie oder anderen familienfremden Personen vereinbaren, wer unter welchen Bedingungen den gesamten Nachlass oder Teile des Vermögens erhalten soll. Ein Erbvertrag erfordert die notarielle Form. Beide Vertragspartner müssen zur gleichen Zeit persönlich beim Notar anwesend sein und den Vertrag unterzeichnen.

*Erbverträge sind bindend.*

Ein Erbvertrag ist für beide Vertragspartner bindend. Nach Abschluss eines Erbvertrages kann der vertraglich gebundene Erblasser noch frei über sein Vermögen verfügen, jedoch aus dem vertraglich vererbten Vermögen keine Schenkungen mehr zum Nachteil des Vertragserben vornehmen. Da Änderungen an einem Erbvertrag nur einvernehmlich von beiden Vertragspartnern vorgenommen werden können, ist diese Form der letztwilligen Verfügung nur dann empfehlenswert, wenn es den Testierenden gerade auf diese Bindungswirkung ankommt. Das einseitige Testament hingegen ist flexibler, da der Erblasser es jederzeit ändern, ergänzen oder vernichten kann.

**Expertentipp:** Überprüfen Sie alle zwei bis drei Jahre, ob Ihre letztwillige Verfügung noch aktuell und stimmig ist. Wenn der eingesetzte Erbe überraschenderweise vor Ihnen stirbt, können Sie andere Personen als Erben einsetzen. Änderungen können auch dann erforderlich sein, wenn sich die Zusammensetzung Ihres Vermögens geändert hat.

**Was ein Erbrechtsexperte für Sie tun kann:**

*Rechtsgültige Testamente erfordern fachkundige Beratung.*

- Beratung, welche letztwillige Verfügung für Sie und ihre Erben am besten geeignet ist
- Formulierung von Testamenten und Erbverträgen nach Ihren Vorgaben
- Unterstützung beim Widerruf von früheren, nicht mehr sinnvollen Verfügungen
- Anfechtung von ungültigen Testamenten und Erbverträgen

## 4.2 Das Berliner Testament – Chancen, Risiken, Steuerfallen

*Die meisten Ehepartner betrachten ihr Hab und Gut – Wohnung, Aktien, Auto, Bargeld – als gemeinsames Eigentum, obwohl die Vermögen rechtlich auch nach der Eheschließung vollständig getrennt bleiben. Wegen dieser Vorstellung erwarten sie, dass das Vermögen des zuerst versterbenden Partners in vollem Umfang dem Überlebenden zusteht. Weit verbreitet ist der Wunsch, dass die eigenen Kinder oder nahe Verwandte das Vermögen erst nach dem Tod der Witwe oder des Witwers erben sollen.*

### Erben nacheinander – erst der Partner, dann die Kinder

Um diesen Wunsch zu verwirklichen, errichten die Ehepartner ein „Berliner Testament", welches die erbrechtlichen Folgen für zwei Todesfälle regelt. Der Gesetzgeber hat es den Eheleuten einfach gemacht, ein solches gemeinschaftliches Testament zu errichten. Es gibt zwei voneinander abweichende Arten des Berliner Testaments:

### Erste Variante: Voll- und Schlusserben

*Volle Verfügungsfreiheit des Erben*

Stirbt ein Partner, wird bei dieser Variante der Überlebende zum alleinigen „Vollerben", die Kinder erben als „Schlusserben" erst dann, wenn der zweite, verwitwete Partner ebenfalls verstorben ist. Bei dieser Variante geht der gesamte Nachlass zunächst auf den verwitweten Ehepartner über. Er kann damit zu Lebzeiten tun und lassen, was er will. Er kann es verprassen, verschenken, verspielen, vermachen oder vererben, wie es ihm in den Sinn kommt.

Die Problematik dieser Lösung liegt auf der Hand: Das Ehevermögen kann durch unwirtschaftliches und unsinniges Verhalten des überlebenden Partners komplett für die Kinder verloren gehen, was vom Erstverstorbenen meist nicht gewollt war. Heiratet die Witwe oder der Witwer wieder, entstehen dadurch Erb- oder Pflichtteilsansprüche des neuen Partners, das heißt, auch dadurch kann das Vermögen für die gemeinsamen Kinder aus erster Ehe geschmälert werden.

### Zweite Variante: Vor- und Nacherben

Bei dieser Lösung wird der überlebende Partner nach dem Todesfall „Vorerbe", die Kinder „Nacherben". Der Nachlass des zuerst verstorbenen Partners – meist die Hälfte des gesamten Ehevermögens – bildet dann ein „Sondervermögen", das die Witwe oder der Witwer für die Nacherben quasi treuhänderisch verwaltet. Die Witwe oder der Witwer kann über diesen Nachlass zu Lebzeiten nur in engen Grenzen verfügen. Sie oder er kann noch einen Nutzen daraus ziehen (das Haus bewohnen oder vermieten, Zinsen oder Miete kassieren), doch weder der Verkauf noch die Belastung von Immobilien aus dem Nachlass sind möglich. Der überlebende Partner kann auch nichts mehr aus dem Nachlass verschenken.

*Kein Immobilienverkauf durch den Vorerben*

Aus diesen Gründen ist auch diese Form des Ehegattentestaments nicht unproblematisch. Sie hat für den überlebenden Ehepartner den gravierenden Nachteil, dass er in einer Notsituation das Vermögen nicht liquidieren kann, also nicht an möglicherweise dringend benötigtes Bargeld herankommt. Der Vorteil dieser Lösung besteht darin, dass das Erbe für die gemeinsamen Kinder gesichert bleibt (insbesondere bei einer erneuten Heirat des Witwers oder der Witwe).

## Kinder können Willen der Eltern torpedieren

Das Berliner Testament bietet keine 100prozentige Gewähr, dass der letzte Wille der Ehepartner auch „1 zu 1" in Erfüllung geht. Denn niemand kann das Erbrecht komplett aushebeln. So können die mit einem Berliner Testament im ersten Erbfall enterbten Kinder ihren Anspruch auf den „Pflichtteil" geltend machen und damit den überlebenden Elternteil in enorme finanzielle Bedrängnis bringen. Denn der Pflichtteil ist sofort in bar auszubezahlen. In etlichen Fällen bedeutet dies, dass eine Immobilie – möglicherweise die Wohnung, die der überlebende Partner weiter nutzen wollte – verkauft werden muss. Der Wunsch, dass der verwitwete Partner den gesamten Nachlass des Verstorbenen erhält, ist zwar legitim, geht aber deshalb noch lange nicht in Erfüllung.

*Pflichtteilshaftung des überlebenden Ehegatten*

## Einvernehmliche Lösung für Ehepartner und Kinder

Wer als Erblasser unliebsame Überraschungen für den überlebenden Partner ausschließen will, ist gut beraten, mit allen Beteiligten Gespräche zu führen und eine einvernehmliche Lösung zu finden. Beispielsweise ist es möglich, mit den eigenen Kindern einen Pflichtteilsverzicht gegen Zahlung eines bestimmten Geldbetrags zu vereinbaren.

*Schutz durch Pflichtteilsverzicht*

### Das Berliner Testament als Steuerfalle

*Steuernachteile des „Berliner Testaments“*

Insbesondere bei einem hohen Wert des Nachlasses kann das Berliner Testament vermeidbare und unnötig hohe Steuerlasten auslösen. Denn die Freibeträge der Kinder werden nach dem Tod des erstversterbenden Ehepartners noch überhaupt nicht genutzt. Eine weitere Folge: Der Nachlass wird in voller Höhe zweimal besteuert, sowohl dann, wenn die Witwe oder der Witwer erbt, als auch dann, wenn die Kinder den zunächst überlebenden Elternteil beerben. Nach dem Tod des überlebenden Elternteils können sogar hohe Steuerlasten entstehen, weil nun die Kinder als Erben aufgrund der Addition des Wertes von eigenem und ererbtem Vermögen nach der Steuerprogression Erbschaftsteuer nach einem höheren Steuersatz zahlen müssen.

**Expertentipp:** Gerade bei einem umfangreichen und wertvollen Nachlass, der über die Steuerfreibeträge weit hinausgeht, empfiehlt es sich, den Kindern beim Tod des zuerst versterbenden Partners Vermächtnisse bis zur Höhe der Freibeträge zukommen zu lassen. Denn in einem solchen Fall ist die Witwe oder der Witwer nicht auf das komplette Vermögen angewiesen, um gut weiterleben zu können. Und die Kinder kommen nicht nur in den Genuss einer beträchtlichen Zuwendung, die ihnen den Vermögensaufbau erleichtert, sondern sie können auch die Steuerfreibeträge nutzen. Dieser Weg kann auch zum Familienfrieden beitragen.

### Widerruf und Bindungswirkung eines Berliner Testaments

Ein Partner kann zu Lebzeiten beider Ehegatten auch allein das gemeinsame Testament zu Fall bringen. Dazu muss er bei einem Notar seinen Widerruf beurkunden lassen. Dem anderen Partner muss eine Ausfertigung des Widerrufs zugestellt werden.

*Widerruf nach dem ersten Erbfall ausgeschlossen*

Etwas anders sieht die Sache aus, sobald einer der beiden Partner verstorben ist. Der überlebende Ehepartner kann das Berliner Testament nicht mehr abändern, widerrufen oder die Erbfolge neu nach seinem Geschmack festlegen. Das Recht zum Widerruf eines Ehegattentestaments erlischt mit dem Tod eines Partners. Nur dann, wenn im Testament eine Widerrufsmöglichkeit vereinbart wurde, kann der Überlebende die gemeinsam getroffenen Anordnungen abändern.

Wer nach dem Tod des Partners auf einmal mit den ungünstigen Folgen eines mangelhaften Berliner Testaments konfrontiert ist, kann die unangenehme

Situation noch retten. So ist es im Einzelfall sinnvoll, das Erbe auszuschlagen, um wenigstens über das eigene Vermögen noch zu 100 Prozent testamentarisch verfügen zu können.

**Expertentipp:** Mit einem Berliner Testament sind erhebliche Risiken verbunden. Das Ziel, den überlebenden Ehegatten abzusichern, ist nicht leicht zu erreichen. Schlichte „Küchentisch"-Testamente reichen meist nicht aus; erst mit rechtlich unangreifbaren Klauseln lässt sich der Wille der Ehepartner realisieren. Aus diesem Grund ist die eingehende Beratung durch Fachleute gerade bei handschriftlichen Testamenten zu empfehlen.

*„Wasserdichte" Testamente erfordern kompetente Beratung.*

**Was ein Erbrechtsexperte für Sie tun kann:**

- Beratung bei der Nachfolgeplanung und Testamentserrichtung
- Gestaltung einer letztwilligen Verfügung der Ehepartner, die zu den familiären Verhältnissen, dem vorhandenen Vermögen und dem Bedarf der Familienmitglieder passt
- Unterstützung bei der legalen Minimierung der Erbschaftsteuerlast
- Beratung von Kindern und anderen Verwandten bei Enterbung durch ein Berliner Testament
- Anwaltliche Vertretung beim Vorgehen gegen ungünstige testamentarische Anordnungen

### 4.3 Vermächtnis und Auflage – Wohltaten & Aufträge für die Zeit nach dem Tod

*Mit einem Vermächtnis wendet ein Erblasser per Testament oder Erbvertrag einer von ihm ausgewählten Person einen Vermögensvorteil zu. Eine Auflage verpflichtet dagegen einen Erben oder Vermächtnisnehmer – allerdings nicht einklagbar – eine Leistung zu erbringen.*

#### Vermächtnis: materielle und immaterielle Werte

*Was kann man mittels Vermächtnis zuwenden?*

Bei einem Vermächtnis kann es sich um Gegenstände wie ein Auto, ein Bild oder einen Geldbetrag handeln. Man kann aber auch Forderungen und Rechte vermachen, zum Beispiel:

- Ansprüche aus Darlehen
- Wohn- oder Nießbrauchsrecht auf Lebenszeit
- die Beteiligung an einer Gesellschaft
- Erlass einer noch nicht erfüllten Forderung
- Beschaffung eines bestimmten Gegenstandes aus Mitteln des hinterlassenen Vermögens.

Der Erblasser bestimmt in seinem Testament, wer zuständig ist, ein Vermächtnis zu erfüllen. Er kann anordnen, dass die Erbengemeinschaft oder ein Testamentsvollstrecker das Vermächtnis erfüllen soll. Mit einer Sonderregelung kann er auch den „Vermächtnisnehmer" verpflichten, seinerseits einem Dritten etwas zuzuwenden. In diesem Fall spricht man von der Anordnung eines „Untervermächtnisses".

#### Vermächtnisnehmer

*Wem fällt das Vermächtnis zu?*

Als Vermächtnisnehmer kann jede rechtsfähige Person bestimmt werden. Es kommt somit nicht nur eine natürliche, sondern auch eine juristische Person – eingetragener Verein, Kirche oder Stadt – in Frage. Sogar noch nicht geborene Kinder können ein Vermächtnis erhalten. Stirbt der Vermächtnisnehmer vor dem Erbfall, treten im Zweifel zunächst seine Kinder oder andere nahe Verwandte an seine Stelle. Hatte er keine Verwandten, entfällt das Vermächtnis. Der Erblasser sollte zur Vermeidung von Unklarheiten immer ausdrücklich einen Ersatz-Vermächtnisnehmer bestimmen, wenn er das wünscht.
Anders als bei der Erbeinsetzung kann jeder in seinem Testament anordnen, dass beispielsweise die Witwe nach dem Tod ihres Mannes einen Vermächtnisnehmer auswählen soll. Der Erblasser muss allerdings den Personenkreis, aus dem der Vermächtnisnehmer auszuwählen ist, ganz genau eingrenzen (zum Beispiel eines der eigenen Kinder, Verein am Wohnort).

### Fälligkeit eines Vermächtnisses

Der Anspruch auf ein Vermächtnis entsteht mit dem Erbfall. In vielen Fällen macht es Sinn, wenn im Testament das Vermächtnis an eine Bedingung geknüpft wird, die erst später eintritt. So können etwa die Eltern anordnen, dass das Vermächtnis für ihre Kinder erst nach dem 25. Lebensjahr oder dem erfolgreichen Abschluss eines Studiums erfüllt werden soll.

*Pflichtteil statt Vermächtnis?*

Ebenso wie das Erbe kann man auch ein Vermächtnis ausschlagen. Dies kommt vor allem dann in Betracht, wenn der Bedachte ein Pflichtteilsberechtigter ist. Denn das Vermächtnis ist auf den Pflichtteilsanspruch anzurechnen, der in Geld auszubezahlen ist. Hat der Pflichtteilsberechtigte kein Interesse an dem vermachten Gegenstand, kann er stattdessen seinen ungeschmälerten Pflichtteilsanspruch in Geld verlangen.

### Erbschaftsteuer bei Vermächtnissen

Auch Vermächtnisse unterliegen der Erbschaftsteuer. Es gelten die gleichen Regeln wie für Erbschaften.

### Was tun, wenn der Vermächtnisgegenstand im Nachlass fehlt?

In diesem gar nicht so seltenen Fall kommt es sehr darauf an, wie sich der Vermögenswert verflüchtigt hat. Wenn der Erblasser den Gegenstand noch selbst verkauft oder verschenkt hat, ist das Vermächtnis in der Regel gegenstandslos. Nur dann, wenn der Wertgegenstand gegen den Willen des Verstorbenen entwendet oder vernichtet wurde, hat der Vermächtnisnehmer Anspruch auf Wertersatz – etwa in Höhe der Versicherungssumme.
Große Enttäuschungen gibt es immer wieder beim Vermächtnis von Sparbüchern. Denn der Wert des vermachten Geldbetrags steigt und fällt mit den Ein- und Auszahlungen des Erblassers. Wenn auf dem Sparbuch zum Zeitpunkt des Erbfalls nur noch ein paar Euro „angespart“ sind, hat der Vermächtnisnehmer „Pech gehabt“.

### Auflagen: Leistungen, die dem Erblasser wichtig sind

*Wozu dient eine Auflage?*

Mit einer Auflage wird der Erbe oder Vermächtnisnehmer verpflichtet, eine Leistung zu erbringen. Die häufigsten Auflagen sind:

- Grabpflege
- Verfügung über den Nachlass erst nach einer bestimmten Frist

- Erteilung einer Vollmacht zur Fortführung eines Unternehmens durch einen Testamentsvollstrecker
- Pflege von Haustieren und Tieren nach dem Tod des Erblassers

Bei der Auflage ist im Gegensatz zum Vermächtnis keine bestimmte Person berechtigt, die Leistung an sich zu verlangen. Aus diesem Grund muss der Erblasser besondere Vorkehrungen treffen, um seinen Willen durchzusetzen. Er kann zum Beispiel die Testamentsvollstreckung oder die Enterbung anordnen für den Fall, dass es die Erben versäumen, die Auflage bis zu einem festgelegten Datum zu erfüllen.

*Der Testamentsvollstrecker setzt die Auflage durch.*

Eine andere Möglichkeit besteht darin, ein Vermächtnis mit einer Auflage zu verknüpfen. So kann der Erblasser bestimmen, dass ein Vermächtnisnehmer zuerst eine Auflage (innerhalb einer bestimmten Frist) zu erfüllen hat und erst dann in den Genuss des Vermögensvorteils kommen soll.

**Was ein Erbrechtsexperte für Sie tun kann:**

- Beratung zur Frage, wann welche Vermächtnisse und Auflagen sinnvoll sind
- Präzise, wasserdichte Formulierungen für die Anordnung von Vermächtnissen und Auflagen entwerfen
- Nach dem Erbfall Vermächtnisse und Auflagen durchsetzen

## 4.4 Das Behindertentestament

Zur Vorsorge für behinderte Menschen sind im Einzelfall besondere Regelungen erforderlich. Hier gibt es keine Standardlösungen.

### Exorbitante Pflegekosten

Die Pflege behinderter Menschen – sei es in einem Heim oder zu Hause – verursacht in der Regel hohe Kosten. Für die Unterbringung in einem Pflegeheim, die personalintensive Bereitschaft rund um die Uhr sowie die individuelle Therapie und Betreuung der Betroffenen sind pro Monat meist mehrere 1.000 EUR zu bezahlen. Auch die häusliche Pflege kann aufgrund von Personalkosten – je nach Fall – außerordentlich teuer sein.

*Wer trägt die Heimkosten für ein behindertes Kind?*

Für die Finanzierung der Pflege behinderter Menschen sind in erster Linie die Pflegeversicherung und die Betroffenen selbst zuständig. Erst dann, wenn die Leistungen der Versicherung und die Zuzahlungen des Behinderten nicht ausreichen, werden zunächst nahe Verwandte herangezogen. Sind auch diese nicht leistungsfähig, kommt der Staat über die Sozialhilfe für die Kosten auf.

Bei behinderten Kindern teilen sich in der Regel die Pflegeversicherung und der Staat (Sozialhilfe) die Finanzierung der Pflege. Denn die Kinder haben so gut wie nie ein eigenes Einkommen und Vermögen.

### Behinderte müssen nach Erbschaft selbst Pflegekosten zahlen

*Zugriff des Staates auf die Erbschaft des Behinderten*

Doch was passiert, wenn ein Behinderter plötzlich nach dem Tod eines Elternteils ein Vermögen erbt? Der zuständige Sozialhilfeträger (je nach Bundesland kann das der Landkreis, eine größere Stadt, die Bezirksregierung oder ein Landschaftsverband sein) fordert nun, dass der Behinderte für die Zuzahlungen zu den Pflegekosten sein eigenes Vermögen einsetzt.

Ausgenommen vom Zugriff des Staates ist lediglich ein kleines „Schonvermögen", Hausrat, ein paar 1.000 EUR und ein angemessen großes Haus (Wohnung), das der Behinderte selbst oder seine Angehörigen bewohnen. Das gesamte darüber hinausgehende Vermögen muss nun für die Zahlung der eigenen Pflege verwendet werden. Denn die Sozialhilfe greift immer erst nachrangig ein, dann, wenn sich der Behinderte selbst nicht (mehr) helfen kann.

### Enterbung des Behinderten keine Lösung

Viele Eltern behinderter Kinder befürchten, dass ihr Vermögen nach ihrem Tod für die Finanzierung von Pflegekosten in wenigen Monaten oder Jahren aufgebraucht wird. Sie suchen daher nach einer Lösung, die es ihnen ermöglicht, ihr Vermögen für die Familie und künftige Generationen zu erhalten.

Die Enterbung des behinderten Kindes ist jedoch keine gute Lösung, um dieses Ziel zu verwirklichen. Denn auch behinderte Kinder haben Anspruch auf einen Pflichtteil (die Hälfte des gesetzlichen Erbteils). Das Geld, das dem Kind als Pflichtteil aus dem Vermögen der Eltern zusteht, kann dann für die Pflegekosten verwendet werden. Angesichts leerer staatlicher Kassen bemühen sich die Kostenträger mehr und mehr, die Behinderten selbst nach einem Erbfall für die Kosten der Pflege heranzuziehen.

### Behindertentestament als bessere Alternative

*Schutz durch ein „Behindertentestament“*

Wesentlich besser als über eine Enterbung können die Eltern mit einem „Behindertentestament“ das Familienvermögen erhalten und dem behinderten Kind helfen. In der Regel wird dabei das behinderte Kind als Vorerbe eingesetzt und andere Familienangehörige (zum Beispiel Enkel) als Nacherben bestimmt.

Zweiter Baustein dieser Lösung ist die Anordnung einer Dauertestamentsvollstreckung für die gesamte Lebenszeit des Behinderten. Je nach Bedarf des eigenen Kindes und der familiären Situation übertragen die Eltern dem Testamentsvollstrecker die Aufgabe, dem Vorerben bestimmte Leistungen aus dem Nachlass zukommen zu lassen. Auf diese Weise ist es möglich, die Lebensqualität für den Behinderten entscheidend zu verbessern. Ein engagierter Testamentsvollstrecker kann nun aus dem Erbe zusätzliche Pflege und Therapien sowie andere, im Einzelfall für den Betroffenen wichtige Dinge finanzieren, für die weder die Pflegeversicherung noch der Staat (über die Sozialhilfe) aufkommen.

*Vorsicht bei der Bestimmung der Erbquote!*

**Expertentipp:** Der Versuch, über ein Behindertentestament dem eigenen Kind ein kleineres Vermögen als den Pflichtteil zu vererben, ist gefährlich. Derartige Bestimmungen bringen das Behindertentestament zu Fall. Nacherbschaft und Testamentsvollstreckung gelten dann als nicht angeordnet. Damit würde die gesamte Konstruktion der Vor- und Nacherbschaft unwirksam. Der beabsichtigte Schutz für das Familienvermögen würde nicht erreicht.

### Sittenwidrige oder gerechte Inanspruchnahme von Sozialleistungen?

Ist der Schutz privaten Vermögens durch ein Behindertentestament überhaupt moralisch vertretbar? Handelt es sich bei einem Behindertentestament um eine sittenwidrige Gestaltung, mit der die Bedürftigkeit des Behinderten nur über Konstruktionen erzeugt wird und die Betroffenen trotz eines eigenen Vermögens in den Genuss staatlicher Leistungen kommen?
Juristen haben über diese Frage lange Zeit gestritten, bis der Bundesgerichtshof (BGH) im Jahr 1993 eine Grundsatzentscheidung fällte, mit der diese Gestaltungsvariante für zulässig erklärt wurde. Die Richter erkannten ein „billigenswertes Interesse" für ein Behindertentestament an, das folgende Bestimmungen enthält:

*Der Bundesgerichtshof billigt das Behindertentestament.*

- Das behinderte Kind wird als Vorerbe (auf einen den Pflichtteil kaum übersteigenden Erbteil) eingesetzt.
- Ein anderes Kind erhält als Vollerbe den übrigen Nachlass.
- Als Nacherbe des Behinderten wird ebenfalls das zweite, nicht behinderte Kind bestimmt.
- Das Vermögen darf nicht so groß sein, dass daraus der voraussichtliche vollständige Pflegebedarf auf Lebenszeit gedeckt werden könnte.

Dieses Urteil war, ebenso wie viele andere Urteile, „erblasser- und familienfreundlich". Was aber in der Vergangenheit richtig war, muss nicht auf immer und ewig so bleiben. So kann es sein, dass der Gesetzgeber in naher Zukunft solche Möglichkeiten, das private Vermögen zu erhalten und die Allgemeinheit mit Kosten zu belasten, über Gesetzesänderungen ausschließt.

### Keine Standardlösungen

Ein Behindertentestament ist eine komplizierte Angelegenheit. Gewarnt sei hier ausdrücklich vor Standardtexten, die so gut wie nie zur besonderen familiären und finanziellen Situation passen.

### Was ein Erbrechtsexperte tun kann:

- Beratung von Eltern und Geschwistern behinderter Kinder
- Formulierung eines wasserdichten „Behindertentestaments" oder Erbvertrags
- Dauertestamentsvollstreckung zu Lebzeiten des behinderten Kindes

*Behindertentestament nur mit fachkundiger Beratung!*

# 5. Gutes tun für andere

## 5.1 Zuwendungen an karitative Organisationen

*Während zunehmend ein Verfall traditioneller Wertvorstellungen und eine starke Entwicklung zur Individualisierung in den westlichen Industrieländern beklagt werden, gibt es in Deutschland eine große Bereitschaft, Menschen in Not zu helfen. Das belegt das beachtliche Spendenaufkommen der Bundesbürger nach Großkatastrophen. Die privaten Spenden nach dem Hochwasser an der Oder 2002, nach dem Erdbeben im Iran 2003 sowie nach der Tsunami-Katastrophe im Pazifik 2004 zeugen von stark ausgeprägtem Altruismus in weiten Teilen der Bevölkerung. Nach dem Tsunami in Südostasien zählten die großen karitativen Einrichtungen wie „UNICEF", „Hermann-Gmeiner-Fonds", „Deutsches Rotes Kreuz" und „Brot für die Welt" allein in den ersten drei Monaten rund 650 Millionen EUR an Spendengeldern.*

### Motive für Zuwendungen an karitative Organisationen

*Spenden oder Zuwendung von Todes wegen?*

Die Bereitschaft, sich für andere Menschen einzusetzen, spielt in der erbrechtlichen Beratung eine zunehmende Rolle. Immer mehr Menschen, die ein Testament errichten, spielen mit dem Gedanken, ihr Vermögen oder einen Teil davon gemeinnützigen und mildtätigen Organisationen zu hinterlassen. Vor allem bei Menschen, die selbst keine eigenen Kinder oder sonstigen nahen Verwandten (mehr) haben, spielt das Bedürfnis eine große Rolle, mit dem zu Lebzeiten erwirtschafteten Vermögen „Gutes" zu bewirken und wichtige Ziele zu verfolgen.

### Zuwendung mittels Testament

Um karitativen Organisationen Vermögenswerte zukommen zu lassen, muss man ein Testament errichten und eine oder mehrere für förderungswürdig gehaltene Organisationen zu gleichen Teilen oder nach einem beliebigen Schlüssel als Erben einsetzen. Soll eine Organisation nicht Erbe werden, besteht die Möglichkeit, per Vermächtnis einen Vermögensvorteil (Geldbetrag oder Immobilie) zu übereignen.

### Testamentsvollstreckung als sinnvolle Ergänzung

*Testamentsvollstreckung dient der Kontrolle.*

Zu überlegen ist darüber hinaus, wie und wer dem in der letztwilligen Verfügung geäußerten Willen nach dem Erbfall Geltung verschafft. Oft besteht zu Lebzeiten kein Kontakt zu den karitativen Körperschaften. Diese erfahren meist erst Monate nach dem Tode des Erblassers von der Tatsache, dass sie in einer letztwilligen Verfügung bedacht worden sind. Von daher empfiehlt es sich zu prüfen, ob nicht die Anordnung einer Testamentsvollstreckung sinnvoll und zweckmäßig ist. Der Testamentsvollstrecker sollte eine von dem Erblasser ausgewählte Vertrauensperson sein, die zweckmäßigerweise zum einen die Pläne des Erblassers und zum anderen auch die Vermögensstruktur des Nachlasses kennt. Damit ist gewährleistet, dass der Nachlass nach den Bestimmungen des Erblassers zügig der vom Erblasser vorgesehenen Verwendung zugeführt wird.

### Steuerfreiheit der Zuwendungen

*Sind Zuwendungen steuerfrei?*

Erbeinsetzung oder Vermächtnis zu Gunsten einer Organisation, die mildtätige oder karitative Zwecke verfolgt, hat den Vorteil, dass die Zuwendung erbschaftsteuerfrei ist (sofern die ausgewählte Organisation die in der Abgabenordnung festgelegten Voraussetzungen erfüllt). So muss die Organisation nach ihrer Satzung oder ihrem Stiftungsgeschäft und nach der tatsächlichen Geschäftsführung ausschließlich und unmittelbar mildtätigen Zwecken dienen.

*Steuerbefreiung vorher prüfen lassen*

**Expertentipp:** Mildtätig ist eine Organisation nur dann, wenn ihre Tätigkeit darauf gerichtet ist, Personen selbstlos zu unterstützen, die in Folge ihres körperlichen, geistigen oder seelischen Zustandes auf Hilfe angewiesen sind. Wer eine solche Organisation mit Leistungen unterstützten will, muss die Satzung anfordern. Bereits aus der Satzung muss sich definitiv ergeben, dass die Organisation selbstlos, ausschließlich und unmittelbar den von ihr gewählten mildtätigen Zweck verfolgt. Um ganz sicher zu gehen, sollte neben der Satzung auch die letzte Ausfertigung des „Freistellungsbescheides“ in Kopie angefordert werden. Dieser Bescheid wird vom Finanzamt ausgestellt und bestätigt, dass die Organisation nach Überprüfung des Jahresabschlusses tatsächlich steuerbegünstigte mildtätige Zwecke verfolgt.

### Was ein Erbrechtsexperte für Sie tun kann:

- Beratung bei der Gestaltung und Formulierung von Testamenten und Erbverträgen zugunsten karitativer Vereinigungen
- Unterstützung bei der Suche nach zuverlässigen Organisationen, die Ihre Zuwendungen sinnvoll und effektiv verwenden
- Überprüfung der Satzung von Organisationen sowie Freistellungsbescheiden des Finanzamts

## 5.2 Stiftungen – für wen sind sie sinnvoll?

*In Deutschland steigt die Zahl der Stiftungsneugründungen. Im Jahre 1990 waren es 181 Stiftungen bürgerlichen Rechts, die aus der Taufe gehoben wurden, nach einem kontinuierlichen Anstieg wurden im Jahr 2000 bereits 681 Neugründungen gezählt. Der vorläufige Höchststand wurde mit 852 neuen Stiftungen im Jahr 2004 erreicht. Diese Zahlen belegen einen „Stiftungsboom".*

### Kleine und große Stiftungen

*Ab welchem Vermögen macht eine Stiftung Sinn?*

Nicht in jedem Fall wird ein Kapital in Millionenhöhe zugewendet. Keineswegs alle Stifter verfügen über ein großes Vermögen. Jeder fünfte Stifter kann weniger als 250.000 EUR als Gründungskapital einbringen. Bei einer Stiftung wird das Stiftungskapital in seinem Bestand erhalten. Die Stiftungszwecke werden ausschließlich mit den Erträgen aus dem Kapitalstamm der Stiftung verfolgt. Rund 43 Prozent der Neugründungen müssen mit weniger als 100.000 EUR Kapital an den Start gehen, so dass in Zeiten niedriger Kapitalzinsen pro Jahr nur wenige 1.000 EUR pro Jahr für den Stiftungszweck verwendet werden können.
Nach den Ergebnissen einer Studie der Bertelsmann-Stiftung sind heute die Personen, die eine Stiftung gründen, keineswegs „alt, reich und verschroben". Ganz im Gegenteil hat die Untersuchung ergeben, dass immer mehr jüngere, aktive Initiatoren und Geldgeber die Stiftungslandschaft prägen – fast 40 Prozent sind jünger als 60 Jahre.

### Wer sollte mit seinem Vermögen eine Stiftung errichten?

*Für wen kommt eine Stiftung in Betracht?*

Die Errichtung einer Stiftung kommt vor allem für Personen in Frage, die
- keinen Partner oder keine eigenen Kinder haben;
- ihren Verwandten oder dem Staat nichts oder nur einen Teil ihres Vermögens vererben wollen;
- gemeinnützige Ziele (Unterstützung hilfsbedürftiger Menschen, Erhaltung der natürlichen Umwelt, Förderung der Wissenschaft) realisieren wollen.

### Stiftungsformen

Die Formen der Stiftungen sind so vielfältig wie die Motive der Stifter. Den ganz überwiegenden Teil der Neugründungen machen die gemeinnützigen Stiftungen mit über 90 Prozent aus. Diese Stiftungen dienen zur Verwirklichung religiöser, wissenschaftlicher, mildtätiger und karitativer Zwecke.

Familienstiftungen haben demgegenüber den Zweck, überwiegend dem Interesse oder dem Wohl der Mitglieder einer oder mehrerer Familien zu dienen, die in der Gründungsurkunde genannt sind. Unternehmensverbundene Stiftungen betreiben oder halten Beteiligungen an Firmen zum Zweck der Erhaltung des Unternehmens, Sicherung der Kontinuität und Vermeidung der Zerschlagung im Erbfall. Vor allem Unternehmer, die keine Erben haben, können mit der Errichtung einer Stiftung dafür sorgen, dass ihr Lebenswerk erhalten bleibt.

*Was ist eine „Familienstiftung"?*

## Rechtsquellen

Eine Stiftung ist die vom Gründer geschaffene Institution, die die Aufgabe hat, den festgelegten Stiftungszweck mit Hilfe des übereigneten Kapitals dauerhaft zu verfolgen. Damit sind die wesentlichen Elemente des Stiftungsbegriffs: die Stiftungsorganisation, der Stiftungszweck und das Stiftungsvermögen. Zur Entstehung einer rechtsfähigen Stiftung ist die Genehmigung des Bundeslandes erforderlich, in dessen Gebiet die Stiftung ihren Sitz haben soll.

## Errichtung der Stiftung

Durch das „Stiftungsgeschäft" setzt der Stifter den Stiftungsakt. Er erklärt verbindlich, dass ein bestimmter Teil seines Vermögens auf Dauer der Erfüllung eines oder mehrerer von ihm vorgegebenen Zwecken gewidmet wird und dass er eine selbständige Stiftung errichten will. Die Stiftungsorganisation regelt die Stiftungssatzung. In den Stiftungsgesetzen der Bundesländer sind die Anforderungen präzisiert, die an die Satzung in der Regel gestellt werden:

*Welche Formalien sind zur Stiftungsgründung notwendig?*

- Name der Stiftung
- Sitz und Zweck der Stiftung
- Organe der Stiftung sowie deren Bildung, Aufgaben und Befugnisse
- das Vermögen der Stiftung
- die Verwendung der Erträge des Stiftungsvermögens
- die Rechtsstellung der durch die Stiftung Begünstigten
- die Anpassung der Stiftung an geänderte Verhältnisse

Eine Stiftung kann sowohl „unter Lebenden" als auch „in einer Verfügung von Todes wegen" errichtet werden. Nahezu 90 % der Stiftungen werden unter Lebenden errichtet. Der Grund hierfür liegt auf der Hand. Zum einen

hat der Stifter zu Lebzeiten die Möglichkeit, maßgeblichen Einfluss auf „seine" Stiftung und deren Arbeit zu nehmen. Er kann Fehlentwicklungen entgegenwirken, Fehleinschätzungen korrigieren und durch Änderung der Satzung die Stiftungsorganisation optimieren.
Bei der Stiftung von Todes wegen unterliegt das Stiftungsgeschäft den besonderen erbrechtlichen Formvorschriften, das heißt, sie kann als privatschriftliches oder notarielles Testament oder in einem Erbvertrag vom Stifter errichtet werden.

*Kontrolle durch einen Testamentsvollstrecker*

**Expertentipp:** Unbedingt zu empfehlen ist bei der Errichtung einer Stiftung von Todes wegen die Einsetzung eines Testamentsvollstreckers. Denn nach dem Todesfall wird eine Person benötigt, die den Willen des Stifters fachkundig umsetzt und die Genehmigung der Stiftung einholt.

### Vermögensausstattung der Stiftung

Damit die Organe der Stiftung den Stiftungszweck verwirklichen können, bedürfen sie eines ausreichenden Vermögens. Das Stiftungsvermögen kann bestehen aus Finanzmitteln, Sachen und Rechten, die der Stiftung bei der Gründung (Errichtungsdotationen) oder später (Zustiftungen) übereignet oder übertragen werden. Damit die Verwirklichung des Stiftungszwecks gesichert ist, muss die Vermögensausstattung dem konkreten Zweck in ausreichendem Umfang entsprechen. In der Regel ist ein Mindestkapital von 50.000 EUR erforderlich.
Bei kleineren Vermögen sollten daher stiftungswillige Personen überlegen, ob es nicht eine Alternative für sie darstellt, ihr Vermögen einer bereits bestehenden Stiftung zuzustiften, die Ziele verfolgt, die sie auch unterstützen wollen. Dadurch kann man vermeiden, dass die ohnehin zu erwartenden geringen Erträge im Wesentlichen für die Verwaltung der Stiftung aufgebraucht werden, so dass der Stiftungszweck kaum erreicht werden kann.

*Rechtzeitige Planung der Stiftungsgründung*

**Expertentipp:** Wer eine Stiftung gründen möchte, ist gut beraten, sich bereits in der Gründungsphase bei der jeweiligen Genehmigungsbehörde zu erkundigen und dort einen Entwurf der Stiftungssatzung zur Vorprüfung einzureichen. Mit dem Ergebnis dieser Prüfung kann der Stifter dann seinen Entwurf optimieren.

## Steuerrecht

Rein steuerliche Gründe sollten nicht allein das Motiv für die Gründung einer Stiftung sein. Die steuerlichen Vor- und Nachteile sind insbesondere in einer Beratung vor der Gründung anzusprechen.
Mit Familien- und Unternehmensstiftungen sind keine Steuern zu sparen. So unterliegt die Übertragung von Vermögenswerten auf die Stiftung der Schenkung- oder Erbschaftsteuer. Da die Stiftung in keinem Verwandtschaftsverhältnis zum Stifter steht, ist grundsätzlich die ungünstigste Steuerklasse III anzuwenden. Der Steuersatz hängt vom Wert des übertragenen Vermögens ab. Er ist gestaffelt von 17 Prozent bei steuerpflichtigem Vermögen bis 52.000 EUR bis zu 50 Prozent bei steuerpflichtigem Vermögen über 25.565.000 EUR.
Steuersparmodell ist jedoch die am häufigsten gewählte „gemeinnützige“ Stiftung. Bei ihrer Errichtung und auch bei Zustiftungen ist sie von der Erbschaft- und Schenkungsteuer befreit. In der laufenden Besteuerung fallen keine Gewerbesteuer und keine Körperschaftsteuer an. Nur ein möglicher wirtschaftlicher Geschäftsbetrieb unterliegt diesen Steuern.

*Gemeinnützige Stiftungen sind steuerbefreit.*

Um die Bereitschaft zur Errichtung von Stiftungen zu fördern, hat der Gesetzgeber mit Wirkung zum 01.01.2000 den Sonderausgabenabzug bei einer Neugründung auf 307.000 EUR erhöht. Für laufende Zuwendungen an Stifter erhalten die Spender einen zusätzlichen Abzugsbetrag von 20.450 EUR im Kalenderjahr. Diese Abzugsmöglichkeiten gelten jedoch nur für Zuwendungen an Stiftungen des öffentlichen Rechts und an steuerbefreite – gemeinnützige – Stiftungen des privaten Rechts.

### Was ein Erbrechtsexperte für Sie tun kann:

- Beratung vor der Errichtung einer Stiftung (Erbrecht, Steuerrecht)
- Formulierung einer juristisch korrekten und dem Zweck angemessenen Stiftungssatzung
- Testamentsvollstreckung bei Stiftungsgründung von Todes wegen

*Stiftungsgründung nur durch den Fachmann*

# 6. Nach dem Erbfall

## 6.1 Erste Schritte nach einem Todesfall

*Was müssen Angehörige im Todesfall tun?*

Nach einem Todesfall gibt es innerhalb kurzer Zeit sehr viel zu erledigen. Im Prinzip können die Hinterbliebenen die meisten Angelegenheiten selbst regeln. Häufig ist es jedoch aus Zeitgründen nicht möglich, alles selbst in die Hand zu nehmen. In diesem Fall ist es ratsam, Verwandte und Freunde (des Verstorbenen) einzuschalten und die Aufgaben zu verteilen. Meist ist es sinnvoll, Kontakt mit einem Bestattungsinstitut aufzunehmen, um zu verabreden, welche Arbeiten das Institut übernehmen soll.

### Totenschein

Nach Eintritt des Todes muss ein Arzt einen Totenschein ausstellen. Krankenhäuser oder Pflegeeinrichtungen kümmern sich von sich aus darum. Anders verhält sich das beim Tod zu Hause oder unterwegs. In diesem Fall ist es notwendig, einen Arzt zu rufen.

### Sterbeurkunde

Zuständig für die Sterbeurkunde ist das Standesamt, in dessen Zuständigkeitsbereich der Sterbeort liegt. Es kann also sein, dass man ein Standesamt aufsuchen muss, das für ein Krankenhaus oder einen Unfallort und nicht für den Wohnort des Verstorbenen zuständig ist. Laut Gesetz muss das Standesamt am nächsten Werktag nach dem Todestag verständigt werden. In der Praxis wird es von den Ämtern meist akzeptiert, wenn der Todesfall wenige Tage später gemeldet wird und dann auch alle erforderlichen Unterlagen vorgelegt werden können.

**Expertentipp:** Es ist sinnvoll, sich gleich mehrere Ausfertigungen der Sterbeurkunde zu besorgen, da dieses Dokument meist mehrfach benötigt wird – auch wenn für die zusätzlichen Exemplare Gebühren anfallen.

### Bestattung

*Wer regelt die Bestattung?*

Für die „Totenfürsorge" sind die nächsten Angehörigen zuständig. Sie regeln die Bestattung und berücksichtigen dabei die persönlichen Vorstellungen des Verstorbenen. Doch wer sind die „nächsten Angehörigen"? Laut Gesetz gilt folgende Reihenfolge:

- der überlebende Ehepartner
- falls der Verstorbene nicht (mehr) verheiratet war: die Kinder

- falls weder Ehepartner noch Kinder existieren: die Eltern
- schließlich die Geschwister

Die nächsten Angehörigen entscheiden über:
- Erd- oder Feuerbestattung
- Friedhof
- Grabstätte (Familien-, Wahl-, Reihen-, Gemeinschafts-, Wandgrabstätte)

Sie beauftragen einen Bestattungsdienst der Gemeinde oder ein privates Bestattungsinstitut mit der Beisetzung. Sie bestimmen über
- die Waschung und Einkleidung des Verstorbenen,
- die Überführung in eine Leichenhalle (innerhalb von 36 Stunden),
- Sarg, Sargausstattung und Sargschmuck,
- die Zeremonie bei der Beerdigung
- Kränze und andere Details

Darüber hinaus können sie
- die Trauerfeier gestalten,
- eine Todesanzeige veröffentlichen,
- Todesnachrichten drucken lassen und versenden,
- eine Bewirtung der Trauergäste („Leichenschmaus") organisieren.

Für die Kosten der Bestattung haben die Erben aufzukommen, das können, müssen aber nicht die nächsten Angehörigen sein. Für die laufenden Kosten der Unterhaltung und Pflege des Grabes sind jedoch wiederum die Angehörigen zuständig und nicht die Erben.

**Testamente**

*Wo sind Testamente abzuliefern?*

Jeder Angehörige oder Freund, der ein Testament oder einen Erbvertrag im Original auffindet oder verwahrt, ist verpflichtet, dieses Dokument unverzüglich – das heißt, sobald er vom Todesfall erfährt – beim Nachlassgericht (Amtsgericht) abzuliefern. Auch Schriftstücke, die nicht als letztwillige Verfügung gültig sind, da sie unvollständig, widerrufen, beschädigt oder mit Maschine geschrieben sind, sind abzugeben, wenn sie so etwas wie der letzte Wille sein könnten. Es kommt immer wieder vor, dass mehrere Testamente, Entwürfe und Widerrufe aufgefunden werden. In diesem Fall ist es Aufgabe des Nachlassgerichtes, zu ermitteln, welche Willensäußerung die nach geltendem Recht gültige ist.

Wer seiner Pflicht, Testamente, Erbverträge, Entwürfe und Widerrufe beim Nachlassgericht vorzulegen, nicht nachkommt, macht sich strafbar (Urkundenunterdrückung!).

### Testamentseröffnung

Das Nachlassgericht eröffnet das Testament und sendet den rechtmäßigen Erben ein Protokoll sowie eine Kopie der eröffneten Dokumente. Ab diesem Zeitpunkt läuft eine außerordentlich wichtige sechswöchige Frist für die Erben: Sie können innerhalb dieses Zeitraums das Erbe ausschlagen

### Annahme oder Ausschlagung des Erbes

*Annehmen oder ausschlagen? Oft eine schwierige Entscheidung.*

Im Regelfall ist es nicht allzu schwer, zu erkennen, ob sich die Annahme des Erbes lohnt. Hinterlässt der Erblasser Immobilien, Aktien und andere Vermögenswerte, jedoch keinerlei Schulden, ist die Sache klar. Auch dann, wenn außer Schulden zum Beispiel nur ein paar abgenutzte Möbel zu erben sind, ist es nicht schwer, eine Entscheidung zu treffen. Besteht das Erbe aus einer Immobilie mit einem Verkehrswert von einer Mio. EUR, während die Grundschuld nur noch 120.000 EUR beträgt, ist es ebenfalls einfach, das Richtige zu tun.

Doch in zahlreichen Fällen handelt es sich beim Erbe um eine Vielzahl von Vermögenswerten und Schulden, so dass es außerordentlich schwierig ist, eine Entscheidung zu treffen. Was ist zu tun, wenn man einerseits wertvolle Antiquitäten und Immobilien erben möchte, jedoch keine hohen Schulden übernehmen will? Was ist zu tun, wenn ein Unternehmer eine überschuldete Firma und wertvolle Patente hinterlässt?

*Ausschlagung nur binnen 6 Wochen!*

Wer auch nur den leisesten Zweifel hat, wie er sich in solchen Fällen verhalten soll, tut gut daran, einen Erbrechtsexperten einzuschalten. Denn mit einem Erbe kann man nicht nur zum reichen Millionär, sondern auch zum armen Schlucker werden. Die Gefahr, draufzuzahlen, ist keineswegs zu unterschätzen. Bitte beachten Sie, dass Sie definitiv bis sechs Wochen nach der Testamentseröffnung eine Entscheidung getroffen haben müssen. Auch deshalb ist es außerordentlich ratsam, rechtzeitig einen Anwalt zu konsultieren!

**Expertentipp:** Sie sollten erst nach der Entscheidung, das Erbe anzunehmen, einen Erbschein beantragen, weil schon der Antrag als Annahme der Erbschaft gewertet wird.

### Benachrichtigung der Versicherungen

*Versicherungen sind unverzüglich zu informieren!*

Vor allem Lebens- und Unfallversicherungen fordern im Kleingedruckten zu den Verträgen eine rasche Benachrichtigung innerhalb kürzester Zeit (24 bis 48 Stunden). Wenn Sie Ärger vermeiden wollen, schicken Sie der jeweiligen Versicherung innerhalb der vereinbarten Frist ein Fax (Beleg ausdrukken und mit dem Originaldokument aufbewahren) oder einen Brief (Einschreiben / Rückschein). Auch andere Versicherungen sind zu informieren:

- Hausratversicherung (endet automatisch, die Hinterbliebenen können jedoch mit der Gesellschaft eine Übernahme des Vertrages vereinbaren)
- Krankenversicherung (ein bislang kostenfrei mit dem Verstorbenen versicherter Hinterbliebener – Ehegatte oder Kind – kann innerhalb von drei Monaten eine freiwillige Mitgliedschaft beantragen)
- Rentenversicherung (der Ehepartner des Verstorbenen erhält bis zum Ende des dritten Monats nach dem Sterbemonat die Rente des Verstorbenen als Überbrückungsgeld)
- Kfz-Versicherung (endet mit der Abmeldung des Fahrzeugs – Familienangehörige haben ein Anrecht auf Übertragung des Schadensfreiheitsrabatts!)

### Nachricht an weitere Stellen

- Arbeitgeber
- Vereine, Verbände, Gewerkschaften (Mitgliedschaft endet nach Information über Todesfall)

### Mietverträge (weiterlaufen lassen oder widersprechen?)

*Was passiert mit der Wohnung des Erblassers?*

Bei einer gemieteten Wohnung muss der Ehe- oder Lebenspartner entscheiden, ob er das Mietverhältnis weiterführen will. Falls er dies möchte, tritt er nach dem derzeitigen Mietrecht automatisch in den bisherigen Mietvertrag ein.
Tritt der Partner nicht in den Mietvertrag ein, so muss er innerhalb eines Monats gegenüber dem Vermieter seinen Widerspruch gegen den Eintritt in den Mietvertrag erklären. Das Mietverhältnis endet dann.

Eine Besonderheit ist zu beachten, wenn die Partner eines oder mehrere Kinder haben. Denn wenn der Partner nicht in das Mietverhältnis eintritt, geht das Mietverhältnis auf die Kinder über. Falls dies nicht gewollt ist, sollte man auch für die minderjährigen Kinder widersprechen.
Wenn weder die Partner noch die Kinder des Verstorbenen in den Mietvertrag eintreten, treten ohne weiteres Zutun andere Familienangehörige oder sonstige Personen ein, sofern sie mit dem Verstorbenen in einem auf Dauer angelegten gemeinsamen Haushalt gelebt haben. Man muss also auch für diesen Personenkreis dem Vermieter einen Widerspruch zukommen lassen, wenn die Weiterführung des Mietverhältnisses nicht gewünscht ist.
Falls niemand in das Mietverhältnis eintritt, werden die Erben automatisch zu Mietern. Die Erben haben dann – genauso wie der Vermieter – ein Sonderkündigungsrecht mit der gesetzlichen Frist von drei Monaten. Wer dieses Recht wahrnehmen möchte, kann innerhalb eines Monats nach Kenntnis des Todes die Sonderkündigung aussprechen.

## Nachlasssicherung

Die Sicherung des Nachlasses ist ein weit reichendes Thema, mit dem sich Nachlassgerichte, Testamentsvollstrecker und Nachlasspfleger zu beschäftigen haben. An dieser Stelle sei nur darauf verwiesen, was die nächsten Angehörigen sowie Lebenspartner oder auch Freunde unmittelbar nach dem Todesfall tun sollten.

*Wie kann der Nachlass gesichert werden?*

Je nach den besonderen Lebensverhältnissen des Verstorbenen kann es für die Angehörigen, Lebenspartner und Erben sinnvoll sein, folgende Sicherungsmaßnahmen zu ergreifen:

- Austausch des Schlosses am Eingang zur Wohnung des Verstorbenen, um unbefugten Personen – zum Beispiel Freunden, Geliebten, Nachbarn oder Pflegekräften, die über einen Schlüssel verfügen – den Zutritt unmöglich zu machen;
- wertvolle Gegenstände (Schmuck, Kunstwerke) an sicherer Stelle hinterlegen;
- Sperrung von Konten;
- vorsorglicher Widerruf von Bankvollmachten
- Einzahlung von Bargeld auf Bankkonto;
- Video- oder Fotodokumentation des Nachlasses, um später nachweisen zu können, ob Gegenstände entwendet wurden;
- Widerruf von Vollmachten, die der Erblasser Verwandten oder Freunden erteilt hat, da mit wirksamen Vollmachten Konten abgeräumt werden können.

Es ist immer im Einzelfall zu klären, ob überhaupt, wann und welche Sicherungsmaßnahmen in Frage kommen. Wichtig ist auch, die Nachlasssicherung nicht klammheimlich vorzunehmen, um nicht selbst in den Verdacht zu geraten, Nachlassgegenstände zu entwenden. Es ist daher zu empfehlen, dass mindestens zwei Personen sich um die sofortige Nachlasssicherung kümmern und ihr Handeln sowie die Hinterlegungsorte für sicher verwahrte Gegenstände dokumentieren.

**Was ein Erbrechtsexperte für Sie tun kann:**

*Experten erleichtern die Nachlassabwicklung.*

- Beratung nach einem Todesfall, etwa bei Problemen mit Verwandten, Freunden oder anderen Personen, zum Beispiel, wenn der Verdacht besteht, dass Wertgegenstände des Verstorbenen entwendet wurden oder Konten abgeräumt wurden
- Schriftverkehr mit Ämtern, Behörden, Versicherungen, Verbänden, Vermietern
- Mitarbeit bei der Nachlasssicherung

## 6.2 Der Erbschein

*Wozu dient ein Erbschein?*

Mit einem Erbschein können die Erben über den Nachlass des Verstorbenen verfügen. Spätestens nach Ausstellung eines Erbscheins beginnt die kritische Phase der Erbauseinandersetzung.

### Die Legitimation des Erben

Der Erbschein ist ein amtliches Zeugnis des Nachlassgerichts. Er ist der Nachweis für die Erben, dass sie und niemand sonst berechtigt ist, die Erbschaft anzutreten. Je nachdem, ob eine oder mehrere Personen erben, und je nach den besonderen Verhältnissen in der Erbengemeinschaft wird

- ein Erbschein (für einen Alleinerben)
- ein gemeinschaftlicher Erbschein (für mehrere Erben)
- ein Teilerbschein (für einen Teilerben)
- oder ein Gruppenerbschein (für mehrere Teilerben)

ausgestellt.

Ein Erbschein ist nicht unbedingt bis in alle Ewigkeit gültig. Findet sich im Nachlass des Verstorbenen ein bislang unberücksichtigtes Testament, das andere Erben – und nicht die stolzen Inhaber eines Erbscheins – zum Zuge kommen lässt, wird der Erbschein vom Nachlassgericht wieder eingezogen. Auch dann, wenn sich zum Beispiel ein zu Lebzeiten des Verstorbenen verschwiegenes nichteheliches Kind nach dem Tod des Erblassers zu Wort meldet, kann es passieren, dass der Erbschein – der ehelichen Geschwister – wieder eingezogen wird. Das Nachlassgericht stellt dann einen neuen Erbschein aus.

### Erbenfeststellungsklage

Absolute Sicherheit, wer bestandskräftig Erbe ist, ist nur durch eine Erbenfeststellungsklage zu erzielen. Wer vom Landgericht nach einem solchen oft sehr zeitaufwändigen und teuren Verfahren zum Erben erklärt wird, bleibt ein für allemal Inhaber der Erbschaft.

### Antrag auf Erbschein

*Wer kann einen Erbschein beantragen?*

Wer glaubt Erbe zu sein, kann einen Antrag auf Erteilung eines Erbscheins stellen (oder das Erbe ausschlagen). Antragsteller sollten zunächst ihr Erbrecht begründen. Sie können dabei auf ein Testament des Erblassers verweisen oder – wenn keine letztwillige Verfügung aufgefunden wurde –

das Verwandtschaftsverhältnis darlegen, aus dem sich die gesetzliche Erbfolge ableiten lässt. Im nächsten Schritt ist es sinnvoll, weitere Personen zu benennen, die als Erben in Frage kommen oder per Testament von der Erbfolge ausgeschlossen wurden oder bereits vorverstorben sind.
Ausgestellt wird der Erbschein vom Nachlassgericht (Amtsgericht), das für den letzten Wohnort des Verstorbenen zuständig ist. Lediglich in Baden-Württemberg sind Notare mit der Aufgabe betraut, die Anträge entgegenzunehmen. Die Erben müssen ihre Angaben im Antrag mit einer Reihe von Dokumenten belegen.

### Checkliste

*Welche Unterlagen benötigt das Nachlassgericht?*

In jedem Fall benötigt das Nachlassgericht:
- eine eidesstattliche Erklärung, dass die Angaben im Antrag auf Erbschein der Wahrheit entsprechen (kann vor einem Notar oder vor dem Nachlassgericht in der notwendigen öffentlichen Form abgegeben werden)
- den Personalausweis des Verstorbenen
- die Sterbeurkunde
- Auskunft über Prozesse, die über das Erbrecht vor Gericht anhängig sind (eidesstattliche Versicherung)

Wenn der Verstorbene eine letztwillige Verfügung unterzeichnet hat:
- Testament oder Erbvertrag (alle Dokumente, die so etwas wie den letzten Willen beinhalten, auch Entwürfe, korrigierte und verworfene Fassungen)
- Auskunft darüber, ob andere Verfügungen von Todes wegen gefunden wurden (eidesstattliche Versicherung)

Wenn Sie aufgrund der gesetzlichen Bestimmungen Erbin oder Erbe werden wollen:
- Familienstammbuch und/oder Geburtsurkunden sowie gegebenenfalls Sterbeurkunden (des Ehe- oder Lebenspartners, der Kinder) sowie Scheidungsurkunde, wenn der Erblasser geschieden war
- Eidesstattliche Versicherung, dass der oder die Verstorbene keine letztwillige Verfügung hinterlassen hat
- Eidesstattliche Versicherung über den Güterstand (wenn der hinterbliebene Ehepartner den Antrag stellt)

*Eidesstattliche Versicherung*

Auch bei diesen Auskünften wird das Nachlassgericht eine eidesstattliche Versicherung fordern, bevor Sie den Erbschein erhalten.

**Expertentipp:** Bitte beachten Sie, dass alle Angaben, die Sie vor Gericht machen, korrekt sein müssen. Wer den Richtern Märchen auftischt, macht sich strafbar! Das Gleiche gilt für die Unterschlagung oder Vernichtung eines aufgefundenen Testaments.

### Bedeutung eines Erbscheins

Wer einen Erbschein besitzt, kann über den Nachlass verfügen. Die Erben können nun vom Konto des Verstorbenen Geld abheben, Nachlassgegenstände verkaufen oder versteigern und Immobilien im Grundbuch auf ihren Namen umschreiben lassen.

*Ein Erbschein schützt den Rechtsverkehr.*

Der Erbschein ist nicht nur wichtig für die Erben, sondern auch für Dritte. Denn sie können darauf vertrauen, dass die Angaben im Erbschein korrekt sind und die Geschäfte mit den Erben – zum Beispiel der Kauf eines Autos oder einer Kunstsammlung aus dem Nachlass – rechtmäßig sind und Bestand haben. Käufer können sich auf den „öffentlichen Glauben" berufen und die erworbenen Güter auch dann behalten, wenn sich nachträglich herausstellt, dass der Erbschein zu Unrecht an eine bestimmte Person ausgestellt wurde.

### Der Erbschein und der Streit um den Nachlass

Sobald der Erbschein ausgestellt ist, beginnt oft die kritische Phase der Erbauseinandersetzung. Immer wieder kommt es vor, dass einzelne Personen versuchen, die Miterben zu übervorteilen. Mal veräußert ein Erbe den Wagen des Erblassers und steckt den Kaufpreis in die eigene Tasche, mal lässt ein Erbe das wertvolle Bild eines bekannten Malers mitgehen – in der Hoffnung, dass die Familie nichts davon bemerkt – mal geht ein von Schulden geplagtes Mitglied einer Erbengemeinschaft zur Bank, um Konten und Depots zu räumen. Gerade dann, wenn eine zunächst friedliche Erbengemeinschaft ein Mitglied mit der Abwicklung des Nachlasses beauftragt, ist größte Vorsicht geboten, weil der Beauftragte mit der Vollmacht der anderen Mitglieder frei schalten und walten kann.

*Wie vermeidet man Streit bei der Nachlassabwicklung?*

Wer in dieser Phase Ärger und Streit vermeiden will, sollte sich fachlichen Rat von Erbrechtsexperten holen. Eine von außen kommende Autorität, die auch die Interessen des „Querulanten" berücksichtigt, ist in vielen Fällen in der Lage, einen Weg zu einem von allen Beteiligten anerkannten Kompromiss in Streitfragen zu finden.

**Was ein Erbrechtsexperte für Sie tun kann:**

*Fachliche Beratung erleichtert das Erbscheinsverfahren.*

- Beratung, ob überhaupt, wann und wo ein Erbschein zu beantragen ist
- Unterstützung beim Antrag auf Erbschein und bei der Sammlung benötigter Unterlagen
- Hilfe beim Vorgehen gegen einen unrechtmäßig ausgestellten Erbschein
- Anwaltliche Vertretung bei missbräuchlicher Verwendung des Erbscheins durch Miterben
- Erhebung einer Erbenfeststellungsklage zur rechtskräftigen Klärung, wer zu den Erben zählt und wer nicht.

## 6.3 Die Erbengemeinschaft – der vorprogrammierte Erbstreit

*Meist wird der Verstorbene nicht von einem Alleinerben, sondern von zwei oder mehreren Erben beerbt. Bei einem guten familiären Einverständnis mag eine solche Erbengemeinschaft zum Beispiel in der Fortführung eines Betriebes oder in der Verwaltung eines Mietgrundstücks über Jahrzehnte hinweg zum gegenseitigen Nutzen fortbestehen. Die Praxis aber zeigt, dass unter Miterben Streit fast immer vorprogrammiert ist.*

### Die Verwaltung des Nachlasses

*Wer verwaltet den Nachlass?*

Verwaltung und Geschäftsführung stehen im Grundsatz allen Miterben zu. Ein Erbe möchte den Nachlass zusammenhalten, der andere so rasch wie möglich versilbern. Viele Miterben kümmern sich nicht um die Verwaltung des Nachlasses, einige versuchen querulatorisch die eigenen Vorstellungen den anderen Miterben aufzuzwingen. Erbengemeinschaften sind also in einem hohen Maße geeignet, Unfrieden zu stiften.

Außerordentliche Verwaltungsmaßnahmen, die für den Nachlass eine erhebliche wirtschaftliche Bedeutung haben, bedürfen der Einstimmigkeit der Miterben. Das betrifft etwa die Veräußerung eines Grundstücks, eine Klage auf Aufhebung des Mietverhältnisses oder die Räumung und Herausgabe einer vermieteten Wohnung.

*Gilt unter Miterben das Mehrheitsprinzip?*

Maßnahmen der ordnungsgemäßen Verwaltung, die aus der Sicht eines vernünftigen und wirtschaftlich denkenden Betrachters dem Nachlassgegenstand gerecht werden und den Nachlassbestand nicht gefährden, können mit Stimmenmehrheit beschlossen werden. Hierzu zählen etwa Baumaßnahmen auf einem Grundstück, Einziehung von Forderungen, Kapitalanlage bis zur Teilung des Nachlasses, Begleichung von Nachlassschulden, Auszahlung von Pflichtteilsansprüchen, Reparaturen und Instandhaltungsmaßnahmen, soweit sie aus Nachlassmitteln beglichen werden können, Vermietung und Verpachtung von Nachlassgegenständen.

Bei der Berechnung der Stimmenmehrheit wird die Größe der den einzelnen Miterben zustehenden Erbteile berücksichtigt. Es wird nicht nach Köpfen abgestimmt. Bei der Verwaltung des Erbes können sich dabei erhebliche Schwierigkeiten ergeben.

**Beispiel:** Ein Witwer, dem nach der gesetzlichen Erbfolge die Hälfte des Nachlasses zusteht, und seine beiden Kinder, die zusammen die andere Hälfte erhalten, sind schnell handlungsunfähig, wenn der Vater auf seiner Meinung beharrt und die Kinder seinen Maßnahmen widersprechen.

### Mitwirkungspflicht der Miterben

Jeder Miterbe ist den anderen gegenüber verpflichtet, bei „ordnungsgemäßen Verwaltungsmaßnahmen“ der Erbengemeinschaft mitzuwirken. Weigert sich ein Miterbe, seine Zustimmung zu erteilen, kann jeder andere Miterbe mit Aussicht auf Erfolg beim Gericht Klage einreichen. Entsteht den anderen Miterben durch die Weigerung ein Schaden, so können diese Ersatz verlangen.

**Expertentipp:** Eine Erbengemeinschaft sollte einen Miterben, der das Vertrauen aller anderen genießt, mit der Verwaltung des Nachlasses beauftragen. Die Erben ersparen sich dadurch häufige Treffen, kleinliche Streitereien und langwierige Debatten über Einzelmaßnahmen.

### Die Teilung des Nachlasses

*Wie wird der Nachlass geteilt?*

Der Gesetzgeber sieht eine reale Teilung des Nachlasses entsprechend den Erbquoten vor. Da dies zum Beispiel bei Immobilien nicht unmittelbar umgesetzt werden kann, müssen diese mittels Zwangsversteigerung „versilbert“ werden. Nicht selten wird hierdurch Familienvermögen sinnlos zerschlagen. Dem Testierenden stehen aber verschiedene Gestaltungsmittel zur Verfügung, mit der das Konfliktpotenzial einer Erbengemeinschaft entschärft werden kann.

### Ausschluss der Auseinandersetzung

Der Erblasser kann die Auseinandersetzung für den Nachlass insgesamt oder über einzelne Nachlassgegenstände ausschließen. Diese Anordnung des Erblassers wird aber spätestens 30 Jahre nach Eintritt des Erbfalls unwirksam. Sind sich die Miterben einig, können sie sich gemeinschaftlich über einen Teilungsausschluss des Erblassers hinwegsetzen. Will der Erblasser dies verhindern, muss er eine Testamentsvollstreckung anordnen.

### Teilungsanordnungen des Erblassers

*Kann der Erblasser Vorgaben für die Teilung machen?*

Der Erblasser kann im Testament Teilungsanordnungen treffen, das heißt, er nimmt – nachdem er zunächst die Erben und deren Erbquoten festgelegt hat – eine gegenständliche Verteilung von Nachlassobjekten und -werten vor.

### Anordnung einer Testamentsvollstreckung

*Wie kann Streit unter Miterben vorgebeugt werden?*

Eine Testamentsvollstreckung kann sich für die Verwaltung und Teilung des Nachlasses streitschlichtend auswirken. Als Testamentsvollstrecker sollte der Erblasser nur eine vertrauenswürdige, fachlich kompetente Person auswählen und deren Rechte und Pflichten eindeutig festlegen.

### Anordnung eines Schiedsverfahrens

Um Streitigkeiten über die Nachlassauseinandersetzung schon im Ansatz zu ersticken, kann der Erblasser auch ein Schiedsverfahren anordnen. Ein solches Verfahren ist im Vergleich zu Prozessen vor staatlichen Gerichten meist deutlich schneller beendet. Oft haben Schiedssprüche auch eine höhere Akzeptanz als gerichtliche Urteile.

**Was ein Erbrechtsexperte für Erbengemeinschaften und ihre Mitglieder tun kann:**

- Beratung des Erblassers, wie Streit unter Angehörigen und Erben zu vermeiden ist
- Beratung der Erbengemeinschaft bei der Durchsetzung ihrer Rechte im Rahmen der Nachlassverwaltung und Nachlassteilung
- Schlichtung von Streit
- Vertretung von Erben bei gerichtlichen Auseinandersetzungen

## 6.4 Sieben gute Gründe für eine Testamentsvollstreckung

*Wer ein Testament oder einen Erbvertrag errichtet, hat klare Ziele vor Augen:*
- *gerechte und zügige Verteilung des Nachlasses*
- *Schutz des Vermögens*
- *Erhaltung des Familienfriedens*
- *finanzielle Absicherung des Ehepartners und anderer Familienmitglieder*

*Der Testamentsvollstrecker als „Helfer" im Erbfall*

Diese Ziele lassen sich oft besser verwirklichen, wenn die Verantwortung für die Nachlassabwicklung oder -verwaltung einem Testamentsvollstrecker übertragen wird. Denn wenn die Erben versuchen, alles selbst zu regeln, ist Streit und Ärger häufig vorprogrammiert.

### Arbeitsentlastung für die Erben

Niemand sollte die Nachlassabwicklung unterschätzen. Die Aufgabe ist keineswegs einfach und umfasst viele Schritte. Viele Dinge sind zu veranlassen und zu beachten:
- Sicherung des Nachlasses
- Wohnungsauflösung
- Sichtung aller Unterlagen
- Erstellung des Nachlassverzeichnisses
- Klärung aller bestehenden privaten und geschäftlichen Vertragsbeziehungen
- Einziehung fälliger Forderungen
- Bezahlung von Rechnungen
- Erfüllung von Auflagen und Vermächtnissen
- notwendige Kündigungen
- Konten- und Grundstücksumschreibungen
- Unterbringung von Haustieren
- Überwachung aller Fristen
- Abgabe der Erbschaftsteuererklärung

*Wer kommt als Testamentsvollstrecker in Betracht?*

Aus unterschiedlichen Gründen können die Erben diese Angelegenheiten oft nicht selbst erledigen: Wer im Beruf voll gefordert ist, hat meist keine Zeit für Behördengänge. Junge und unerfahrene oder minderjährige Erben können die Nachlassabwicklung genauso wenig übernehmen wie Erwachsene im Alters- oder Krankheitsfall. Weit entfernt, zum Beispiel im Ausland wohnende Personen, sind in der Regel nur schwer in der Lage, alle anfallenden Aufgaben zu übernehmen. Vor allem bei einem großen und wertvollen Nachlass wird ein geschulter und erfahrener Testamentsvollstrecker die Hinterbliebenen entlasten, beraten und unterstützen.

### Friedensstiftung

*Streitvermeidung*

Entsteht durch den Todesfall eine Erbengemeinschaft, können die Erben den Nachlass nur gemeinschaftlich verwalten. Bei wesentlichen Entscheidungen gilt das Prinzip der Einstimmigkeit. Viele Verwandte haben sich im Zuge der Erbauseinandersetzung schon zerstritten, weil sie selbst nebensächliche Dinge nicht regeln konnten.
Ganz anders ist das bei einer Testamentsvollstreckung. Die Fäden laufen bei einer Person zusammen, die zu Objektivität und Neutralität verpflichtet ist und häufig auch bei aufkommendem Streit oder zwischen den Fronten vermitteln kann. Vorschläge eines Testamentsvollstreckers finden eher die Zustimmung aller Beteiligten als die Wunschvorstellungen von verfeindeten Familienmitgliedern, die miteinander nicht mehr reden können.

### Durchsetzung des Erblasserwillens

*Erfüllung von Vermächtnissen und Auflagen*

Testamentsvollstrecker setzen die Anweisungen und Richtlinien des Verstorbenen nach dem Wortlaut und Geist seines Testaments um. Sie kümmern sich darum, dass sämtliche Auflagen und Vermächtnisse auch wirklich erfüllt werden. Manchmal ist die Testamentsvollstreckung sogar über einen längeren Zeitraum sinnvoll. Mit einer Anordnung, die dies vorschreibt, kann der Erblasser den Nachlass der Verwaltung der Erben (befristet) entziehen, um das Vermögen zu schützen. Die Testamentsvollstreckung kann beispielsweise die voreilige Liquidierung wertvoller Immobilien oder die rasche Zerschlagung eines gesunden Familienunternehmens verhindern.
Testamentsvollstreckung kommt auch dann in Betracht, wenn man sich entschließt, den Nachlass oder Teile davon einer Stiftung zuzuwenden. Der Testamentsvollstrecker kann in diesem Fall die Aufgabe übernehmen, die Stiftung zu gründen und dafür zu sorgen, dass sie die Ziele des Erblassers (zum Beispiel Umweltschutz, Forschungsförderung, soziale Gerechtigkeit) auch tatsächlich realisiert.

### Minderjährigenschutz

*Schutz minderjähriger Kinder*

Immer wieder kommt es vor, dass Eltern mit ihrem Vermögen minderjährige Kinder absichern wollen. In diesem Fall reicht es jedoch nicht aus, die Kinder als Erben einzusetzen. Um das Erbe vor dem Zugriff des gesetzlichen Vertreters zu schützen, kann der Erblasser Testamentsvollstreckung anordnen.

Die Person, die mit dieser Aufgabe beauftragt ist, ist dann bei Rechtsgeschäften weder auf die Zustimmung des gesetzlichen Vertreters noch des Vormundschaftsgerichts angewiesen.

### Schutz Behinderter

*Abwehr des Sozialhilferegresses*

Wenn ein Behinderter, der in einem Heim lebt, eine Erbschaft erhält, droht in der Regel der „sozialhilferechtliche Rückgriff". Der Sozialhilfeträger, der die Kosten für die Pflege und Unterbringung trägt, fordert regelmäßig die Liquidierung des Erbes zur Bezahlung dieser Leistungen. Die Anordnung einer Testamentsvollstreckung kann die baldige Aufzehrung des empfangenen Vermögens verhindern, da der Nachlass des Behinderten dann vor einem Zugriff etwaiger Gläubiger, und damit auch des Sozialhilfeträgers geschützt ist.

### Steuerersparnis

*Vermeidung unnötiger Steuern*

Der Testamentsvollstrecker ist zur Abgabe einer Erbschaftsteuererklärung verpflichtet. Als Erbrechtsexperte ist er in steuerlichen Fragen versiert und kann dadurch die Steuerbelastung der Erben minimieren.

### Schutz des Erben vor seinen eigenen Gläubigern

*Gläubigerschutz*

Manchmal steht der Testierende vor der Frage, wie er den künftigen Nachlass vor den Gläubigern des Erben schützen kann. Die Testamentsvollstreckung bietet eine effektive Möglichkeit, den Zugriff solcher Gläubiger auf den Nachlass abzuwehren.

### Die Arten der Testamentsvollstreckung

*Welche Formen der Testamentsvollstreckung gibt es?*

Die Anordnung einer „Abwicklungstestamentsvollstreckung" ist sinnvoll, wenn absehbar ist, dass die Nachlassabwicklung schwierig sein wird. Dies ist fast immer dann der Fall, wenn mehrere Erben den Nachlass erhalten sollen. Wer seinen Nachkommen nur die Erträge der Erbschaft zukommen lassen will, sollte die Anordnung einer „Verwaltungstestamentsvollstreckung" in Erwägung ziehen. Damit entzieht der Erblasser seinen Erben (vorübergehend oder auf Dauer) die Befugnis, über den Nachlass zu verfügen. Diese Variante empfiehlt sich, wenn es darum geht, den Lebensunterhalt für

Personen zu sichern, die aufgrund von Minderjährigkeit, Krankheit oder aus anderen Gründen nicht in der Lage sind, das ererbte Vermögen sinnvoll und wirtschaftlich zu verwalten.

### Welche Pflichten hat der Testamentsvollstrecker?

*Was hat der Testamentsvollstrecker zu beachten?*

- Damit sich die Erben einen Überblick über den Nachlass verschaffen können, muss der Testamentsvollstrecker unverzüglich ein Nachlassverzeichnis erstellen.
- Während seiner Tätigkeit als Testamentsvollstrecker ist er den Erben auskunfts- und rechenschaftspflichtig.
- Der Testamentsvollstrecker muss sein Amt gewissenhaft und sorgfältig führen und das ihm anvertraute Vermögen nicht nur erhalten, sondern möglichst auch vermehren.
- Schenkungen darf der Testamentsvollstrecker nicht vornehmen, es sei denn, es handelt sich um Anstands- oder Pflichtschenkungen.
- Der Testamentsvollstrecker darf auch keine Geschäfte mit sich selbst abschließen, also keine Gegenstände aus dem Nachlass käuflich erwerben.
- Fügt der Testamentsvollstrecker den Erben vorsätzlich oder fahrlässig Schaden zu, so haftet er hierfür mit seinem Privatvermögen.
- Auf Antrag erteilt das Nachlassgericht dem Testamentsvollstrecker ein Zeugnis, damit er sich im Rechtsverkehr gegenüber Dritten legitimieren kann.

### Anforderungen an den Testamentsvollstrecker

*Wer soll als Testamentsvollstrecker eingesetzt werden?*

Der Erfolg der Testamentsvollstreckung steht und fällt mit der damit beauftragten Person. Das Amt erfordert neben der fachlichen Kompetenz ein hohes Maß an Sorgfalt, Entscheidungs-, Durchsetzungs- und Überzeugungskraft sowie die Fähigkeit zum Ausgleich und innere Unabhängigkeit.
Ein Angehöriger oder ein Miterbe als Testamentsvollstrecker – das birgt von Haus aus Zündstoff. Der Vorwurf, der Testamentsvollstrecker verhalte sich parteilich, kommt in diesen Fällen meist sehr schnell auf. Streit zwischen den Erben lässt sich dagegen durch Einsetzung einer neutralen Person vermeiden: Der Nachlass kann dann mit einem hohen Maß an persönlicher und sachlicher Distanz durch den Testamentsvollstrecker als Vermittler zwischen verfeindeten Erben abwickelt werden.

Ein Testamentsvollstrecker, der nicht nur Jurist sondern auch Erbrechtsexperte ist, sorgt dafür, dass bei der Nachlassabwicklung oder Verwaltung des hinterlassenen Vermögens alles korrekt abläuft. Ein juristischer Laie ist in der Regel mit der umfangreichen und komplizierten Nachlassabwicklung überfordert und für den Schaden, den er verursacht, in vollem Umfang verantwortlich.
Der Erblasser sollte in seiner Verfügung von Todes wegen schon den Testamentsvollstrecker selbst bestimmen. Auch die Einsetzung einer deutlich jüngeren Ersatz-Person kann sinnvoll sein. Aufgrund der verlängerten Lebenszeiten kommt es vor, dass eine für die Testamentsvollstreckung geeignete Person selbst über die Jahrzehnte alt wird und dann nach dem Tod des Erblassers die Aufgabe nicht mehr übernehmen kann. Wer dem Nachlassgericht die Bestimmung eines Testamentsvollstreckers überlässt, macht im Prinzip keinen Fehler, riskiert aber, dass eine fremde, möglicherweise im konkreten Fall nicht ganz geeignete Person ausgewählt wird.
Weitere Informationen finden Sie im Internet unter www.NDTV.info.

## Kosten einer Testamentsvollstreckung

*Was kostet eine Testamentsvollstreckung?*

Die Kosten für eine Testamentsvollstreckung richten sich vorrangig nach den Bestimmungen im Testament. Der Deutsche Notarverein hat hierzu eine Vergütungsregelung vorgeschlagen:

- 4 Prozent des Nachlasses bis 250.000 EUR
- 3 Prozent bis 500.000 EUR
- 2,5 Prozent bis 2,5 Mio. EUR
- 2 Prozent bis 5 Mio. EUR
- 1,5 Prozent über 5 Mio. EUR

Diese Empfehlungen haben sich in der Praxis als faire Regelung für den Testamentsvollstrecker einerseits und die Erben andererseits bewährt.

## Was ein Erbrechtsexperte für Sie tun kann:

*Wer hilft bei offenen Fragen?*

- Durchführung der Testamentsvollstreckung nach rechtlichen und wirtschaftlichen Aspekten
- Streitschlichtung unter Miterben zur Vermeidung teurer Gerichtsverfahren

## 6.5 Pflichtteilsrecht – Notanker der Enterbten, aber nicht immer segensreich

*„Enterbt" – diese Nachricht ist für die Betroffenen niederschmetternd. Der Vater, die Mutter oder die Erbtante hat das Vermögen anderen Personen – bevorzugten Geschwistern, unbekannten Freunden – vererbt. Doch Enterbung bedeutet nicht in allen Fällen Enterbung zu 100 %.*

### Der Enterbte geht in der Regel nicht völlig leer aus!

Der Schock sitzt tief, wenn das Nachlassgericht einen Brief mit dem Testament des Verstorbenen verschickt und die nächsten Verwandten nun endlich schwarz auf weiß nachlesen können, wer enterbt wurde und nichts oder nur einen minimalen Wert vom Nachlass bekommen soll. Für Ehepartner und Kinder ist diese Nachricht in aller Regel unverständlich.

*Wem steht der Pflichtteil zu?*

Doch Enterbung bedeutet nicht in allen Fällen, dass die Enterbten gar nichts oder so wenig erhalten, wie es im Testament steht. Die Ehefrau und die eigenen Kinder sind nämlich pflichtteilsberechtigt. Wenn der Verstorbene keine Kinder hatte, können auch seine Eltern den Pflichtteil einfordern. Das heißt, dass dieser Personenkreis einen Anspruch auf die Hälfte des gesetzlichen Erbteils in Geld geltend machen kann. Nur entferntere Verwandte sind nicht pflichtteilsberechtigt.

**Beispiel:** Ein Unternehmer hinterlässt Mietshäuser, Aktien und Geldanlagen im Wert von fünf Mio. EUR. In seinem Testament vererbt er das gesamte Vermögen einer mildtätigen Organisation. Die Ehefrau, die mit ihrem Mann in gesetzlichem Güterstand lebte, und die einzige Tochter sind auf ihr Pflichtteilsrecht angewiesen. Die mildtätige Organisation muss der Ehefrau ein Viertel und der Tochter ebenfalls ein Viertel des Gesamtwertes in Geld zahlen. Mutter und Tochter bekommen jeweils 1,25 Mio. EUR.

Etwas anders sieht die Rechtslage aus, wenn der Verstorbene keine Kinder hatte, seine Eltern bereits verstorben sind und der Bruder als nächster Verwandter dachte, er käme in den Genuss des Millionen-Vermögens. Die mildtätige Organisation muss ihm nicht einen einzigen Cent überweisen, weil er nicht pflichtteilsberechtigt ist.

Noch einmal anders wirkt sich das Pflichtteilsrecht aus, wenn die Ehefrau vor dem Unternehmer stirbt. Denn dann bekommen die Kinder einen höheren Pflichtteil. Die Tochter könnte in diesem Fall die Hälfte des gesamten Vermögens in Geld, also 2,5 Mio. EUR, beanspruchen.

*Wir groß ist die Pflichtteilsquote?*

Der Pflichtteil entspricht dem halben gesetzlichen Erbteil. Abhängig vom Grad der Verwandtschaft und des ehelichen Güterstandes ergeben sich folgende Pflichtteilsquoten:

*Die Pflichtteilsquote hängt vom Güterstand ab.*

| Güterstand | Pflichtteil je Kind (wenn der Erblasser im Erbfall noch verheiratet war) | | | Pflichtanteil des Ehegatten (neben Abkömmlingen) | | |
|---|---|---|---|---|---|---|
| | bei 1 Kind | bei 2 Kindern | bei 3 Kindern | | | |
| Zugewinngemeinschaft | 1/4 | 1/8 | 1/12 | 1/4 | | |
| | | | | bei 1 Kind | bei 2 Kindern | bei 3 + x |
| Gütertrennung | 1/4 | 1/6 | 1/8 | 1/4 | 1/6 | 1/8 |
| Gütergemeinschaft | 3/8 | 3/16 | 3/24 | 1/8 | | |

## Schenkung und Pflichtteil

*Werden Schenkungen des Erblassers beim Pflichtteil berücksichtigt?*

Mancher, der es zu Wohlstand gebracht hat, wird in den letzten Jahren seines Lebens sehr großzügig. Er überweist Geld an Hilfsorganisationen, schenkt Freunden wertvollen Schmuck und übergibt Bekannten Bilder und Antiquitäten.

Für den Pflichtteilsberechtigten ist dies alles nicht zu 100 Prozent verloren. Es kommt darauf an, wie weit die Schenkung zurückliegt. Was innerhalb von zehn Jahren vor dem Tod des Erblassers zugewendet wurde, wird als Teil des Nachlasses gewertet. Mit anderen Worten: Wer erb- oder pflichtteilsberechtigt ist, kann (muss aber nicht) fordern, dass bei der Berechnung des Erbteils oder Pflichtteils auch der Wert der Schenkung berücksichtigt wird.

**Beispiel:** Ein Steuerberater, wohnhaft in einem ansehnlichen Haus, das er vor 30 Jahren erworben hat, kommt nach dem Tod seiner Frau zu der Auffassung, dass das Haus in der Familie bleiben sollte und verschenkt es seiner Lieblingstochter Anna. Sieben Jahre später stirbt er, ohne weiteres Vermögen zu hinterlassen. Seine Tochter Lisa und sein Sohn Richard suchen nun Rat bei einem Erbrechtsexperten. Dort erfahren sie, dass sie als Enterbte auch „Pflichtteilsergänzungsansprüche" haben. Ein Gutachter ermittelt den Wert des Schlösschens zum Zeitpunkt der Schenkung: 900.000 EUR. Nun lassen Richard und Lisa den Anwalt ihren Pflichtteil einfordern. Beide verlangen ein Sechstel aus 900.000 EUR. Das sind jeweils 150.000 EUR. Ihre Schwester muss also völlig unerwartet nach dem Tod des Vaters insgesamt 300.000 EUR aufbringen, um ihren Geschwistern den Pflichtteil (errechnet aus dem Wert des Hauses) auszubezahlen. Wäre der Vater erst zehn Jahre nach dem Datum der Schenkung gestorben, wären Lisa und Richard leer ausgegangen. Anna hätte ihren Geschwistern keinen Cent ausbezahlen müssen.

*Keine 10-Jahresfrist unter Eheleuten*

Ein Sonderfall ist die Schenkung an den Ehepartner. Alles, was ein Partner während der Dauer der Ehe an den anderen verschenkt hat, ist bei der Berechnung von Pflichtteilsergänzungsansprüchen zu berücksichtigen – also auch Schenkungen, die vor dem Zehn-Jahres-Zeitraum liegen. Das ist vor allem für enterbte Kinder wichtig.

### Der Wert, aus dem sich der Pflichtteil errechnet

Bei der Berechnung des Pflichtteils wird zunächst einmal der Verkehrswert des Nachlasses zum Todeszeitpunkt in Geld berechnet. Bei Wertpapieren wird der mittlere Tageswert zugrunde gelegt. Der Wert von Gesellschaftsanteilen ist mit der so genannten „Ertragswertmethode“ zu bestimmen. Von dem so ermittelten Geldbetrag werden sodann die Schulden abgezogen.

*Anrechnung von Vorempfängen*

Was der Pflichtteilsberechtigte erhält, ist sein Anteil aus dem ermittelten Geldbetrag. Wenn er vom Erblasser bereits vor dessen Tode etwas geschenkt bekommen hat, muss er sich das Geschenk auf seinen Pflichtteilsanspruch anrechnen lassen, wenn der Erblasser dies bei der Schenkung bestimmt hat. Die Schenkung kann auch im Rahmen der Pflichtteilsergänzung anzurechnen sein.

Was logisch und klar klingt, ist im Einzelfall äußerst kompliziert und für den Laien schwer durchschaubar. Die Ermittlung des Nachlasswerts kann sich über Monate hinziehen. In vielen Fällen lohnt sich der Aufwand weder für die Erben noch die Pflichtteilsberechtigten. Wenn die Parteien noch miteinander reden können und es nicht auf Heller und Pfennig ankommt, ist meist eine pragmatische, einvernehmliche Lösung besser als eine jahrelange Auseinandersetzung mit hohen Zahlungen an Gutachter und Sachverständige.

## Wenn der Wert des Nachlasses zum Geheimnis gemacht wird

Gerade nach der Enterbung einzelner Familienmitglieder versuchen die Erben, den wahren Wert des Nachlasses geheim zu halten. Sie sind bestrebt, keine Auskünfte zu geben oder das Vermögen klein zu reden oder höhere Schulden anzugeben, als tatsächlich hinterlassen wurden. Damit müssen sich die Pflichtteilsberechtigten nicht zufrieden geben. Sie haben einen Anspruch auf Auskunft über den tatsächlichen Bestand des Nachlasses zum Zeitpunkt des Todes sowie über sämtliche Schenkungen innerhalb der letzten zehn Jahre. Die Erben müssen daher ein „Bestandsverzeichnis" erstellen und vorlegen.

*Anspruch auf Nachlassverzeichnis und Gutachten*

Ein Pflichtteilsberechtigter kann sogar fordern, dass ein solches Verzeichnis von einem Notar angefertigt wird. Er kann auch verlangen, dass der Wert der Nachlassgegenstände von einem neutralen Sachverständigen ermittelt wird. Die Rechnungen des Notars und des Gutachters müssen aus dem Nachlass bezahlt werden.

Wer als Pflichtteilsberechtigter berechtigte Zweifel an der Richtigkeit der Angaben in einem Bestandsverzeichnis hat, kann von den Erben eine eidesstattliche Versicherung verlangen. Doch hier ist ein Punkt erreicht, an dem offensichtlich wird, dass man gegen eine systematische Verschleierungstaktik als Pflichtteilsberechtigter kaum ankommt. Wer es als Erbe darauf anlegt, den Enterbten nicht einmal den Pflichtteil zu überlassen, hat durchaus gewisse Chancen, an sein Ziel zu gelangen. Es ist aber gefährlich, falsche Angaben zu machen – Betrug kann strafrechtlich verfolgt werden.

**Expertentipp:** Gerade bei Verdacht auf unwahre Angaben zum Wert des Nachlasses sollten Pflichtteilsberechtigte mit Hilfe eines Erbrechtsexperten konsequent gegenüber den Erben ihre Position vertreten und alle rechtlichen Möglichkeiten ausschöpfen.

## Die Erben müssen sofort nach dem Erbfall zahlen

Wer Pflichtteils- und Pflichtteilsergänzungsansprüche erhebt, muss sich an die Erben wenden. Das Nachlassgericht ist hierfür nicht zuständig. Unmittelbar mit dem Tod des Erblassers sind die entsprechenden Leistungen in Geld auszubezahlen. Für die glücklichen Erben können die Forderungen bei hohem Wert des Nachlasses in Form von „Betongeld" (Immobilien) außerordentlich hohe Lasten hervorrufen, weil dann in der Regel die Liquidität fehlt, um zu zahlen. Es spielt keine Rolle, ob der geforderte Pflichtteil

*Pflichtteil ist sofort und bar fällig!*

mit Barvermögen aus dem Erbe bezahlt werden kann oder nicht. Mit dem Todesfall ist der Pflichtteil fällig.

**Vorsicht: Die Verjährung droht!**

*3-jährige Verjährung beachten!*

Wer pflichtteilsberechtigt ist, sollte nicht allzu lange warten, bis er gegenüber den Erben seine Ansprüche geltend macht. Es ist eine Drei-Jahres-Frist zu beachten. Diese Frist läuft ab dem Tag, an dem der Pflichtteilsberechtigte von dem Todesfall und dem Inhalt des Testaments erfahren hat.

**Pflichtteilsverzicht zur Vermeidung von Erbstreitigkeiten**

*Pflichtteilsverzicht gegen Abfindung*

Der künftige Erblasser sollte immer versuchen, schon vor dem Tod eine einvernehmliche Lösung mit den Angehörigen zu finden, um Erbstreitigkeiten auszuschließen. Mit dem Pflichtteilsverzicht kann dieses Ziel erreicht werden. So kann ein Erblasser offen legen, dass er sein Vermögen an eine bestimmte Person vererben möchte und den Personen, die er enterben will, einen Pflichtteilsverzicht (in der Regel nur gegen Zahlung einer Abfindung) nahe legen. Dies kann durchaus im Interesse einer pflichtteilsberechtigten Person sein – etwa wenn sie an dem Nachlass nicht interessiert ist oder einen Beitrag zur finanziellen Absicherung anderer Familienmitglieder leisten will. Zudem erhält er den Abfindungsbetrag deutlich vor dem tatsächlichen Ableben des Erblassers.

**Was ein Erbrechtsexperte für Sie tun kann:**

- Anwaltliche Unterstützung bei der Einforderung des Pflichtteils
- Vertretung der Erben gegenüber Pflichtteilsberechtigten
- Streitschlichtung zwischen Erben und Pflichtteilsberechtigten

# 7. Schwierige Sonderfälle – perfekte Lösung

## 7.1 Der Erbfall mit Auslandsbezug

*Über sieben Mio. ausländische Mitbürger leben in der Bundesrepublik. Mehr und mehr deutsche Staatsbürger besitzen ein Feriendomizil im Ausland, etwa in Spanien oder Florida. Auch Geldanlagen im Ausland erfreuen sich großer Beliebtheit. Kommt es dann zum Erbfall, stellt sich die schwierige Frage, ob die deutsche oder eine ausländische Erbrechtsordnung zur Anwendung kommt.*

**Erbrechtliche Sachverhalte mit Auslandsberührung liegen immer dann vor, wenn**

*Vorsicht bei Erbfällen mit Auslandsbezug!*

- der Testierende oder der Erblasser nicht oder nicht nur die deutsche Staatsangehörigkeit besitzt,
- Nachlassgegenstände sich im Ausland befinden oder
- ausländisches Erbrecht auf Vermögen in Deutschland anzuwenden ist.

Bei derartigen Konstellationen ist nach den Regeln des Internationalen Privatrechts zu prüfen, ob deutsches oder ausländisches Erbrecht eingreift. Dies beurteilt sich entweder nach dem Staatsangehörigkeits- oder dem Wohnsitzprinzip.

### Das Staatsangehörigkeitsprinzip

*Wann kommt es auf die Staatsanghörigkeit des Erblassers an?*

Einige Staaten, darunter auch Deutschland, beurteilen den Erbfall nach dem Recht des Heimatstaates des Erblassers. Bei einem deutschen Staatsangehörigen ist also deutsches Erbrecht für sein in- und ausländisches Vermögen maßgebend. Unerheblich ist dabei der Wohnsitz. Wenn etwa ein Italiener, der seinen ständigen Wohnsitz in Deutschland hat, verstirbt, gilt für den Erbfall italienisches Erbrecht, da auch Italien dem Staatsangehörigkeitsprinzip folgt. Diese Fälle sind also relativ einfach zu beurteilen. Das Staatsangehörigkeitsprinzip gilt in folgenden Ländern:

- Deutschland
- Griechenland
- Italien
- Japan
- Niederlande
- Österreich
- Polen
- Portugal
- Schweden
- Spanien

### Das Wohnsitzprinzip

*Wann kommt es auf den Wohnsitz des Erblassers an?*

Verschiedene Staaten regeln die Erbschaft nach dem Wohnsitzprinzip, wenden also das Recht an, welches am letzten Wohnsitz des Erblassers gilt. Dies ist insbesondere in folgenden Staaten der Fall:

- Brasilien
- Dänemark
- Island
- Israel
- Norwegen

Bürger dieser Staaten, die zum Zeitpunkt des Erbfalls ihren Wohnsitz in Deutschland haben, werden in der Regel nach deutschem Erbrecht beerbt. Lebt ein deutscher Erblasser in einem Staat, das dem Wohnsitzprinzip folgt, wird die Abwicklung des Erbfalls deutlich komplizierter. Da Deutschland dem Staatsangehörigkeitsprinzip folgt, müssen deutsche Gerichte deutsches Erbrecht auf den Erbfall anwenden. Ganz anders wird das ausländische Gericht den Erbfall beurteilen, da nach dem Wohnsitzprinzip das dortige Recht zur Anwendung kommt.
**Beispiel:** Ein deutscher Witwer verstirbt mit letztem Wohnsitz in der Schweiz und hinterlässt ein Vermögen von 1 Mio. EUR. Die einzige Tochter, die er testamentarisch enterbt hatte, kann vor deutschen Gerichten, die wegen des Staatsangehörigkeitsprinzips deutsches Erbrecht anwenden, ihren Pflichtteil in Höhe von 500.000 EUR erfolgreich durchsetzen. Hätte die enterbte Tochter dagegen vor Schweizer Gerichten geklagt, müsste nach dem dort geltenden Wohnsitzprinzip Schweizer Erbrecht angewendet werden. Der Pflichtteil der Tochter hätte dann 750.000 EUR betragen.

*Verlust des Pflichtteils möglich*

**Expertentipp:** Ein Pflichtteilsberechtigter sollte sich genau beraten lassen, ob er seine Ansprüche in Deutschland oder im Ausland geltend macht.

### Spaltung des Nachlasses

An sich unterliegt ausländischer Nachlass eines Deutschen wegen des Staatsangehörigkeitsprinzips dem deutschen Erbrecht. Einige Länder beanspruchen aber im Hinblick auf die dort gelegenen Immobilien zwingend die Geltung des eigenen Erbrechts.
**Beispiel:** Ein deutscher Unternehmer hat neben seinem Vermögen in Deutschland auch eine Ferienwohnung in der Provence. Im Erbfall unterliegt

*In welchen Ländern droht eine Nachlassspaltung?*

diese französische Immobilie zwingend dem französischen Erbrecht, während das sonstige Vermögen in Deutschland nach deutschem Erbrecht vererbt wird. Eine derartige Spaltung des Nachlasses gilt insbesondere in folgenden Staaten:

- Argentinien
- Australien
- Belgien
- Frankreich
- Großbritannien
- Irland
- Kanada
- Luxemburg
- Monaco
- Neuseeland
- Südafrika
- USA

Ganz erhebliche Auswirkungen hat eine Nachlassspaltung dann, wenn der Staat, in dem sich die Immobilie befindet, kein Pflichtteilsrecht kennt. In vielen Bundesstaaten der USA ist das der Fall. Hinterlässt also ein Deutscher neben unbedeutendem Nachlass in Deutschland besonders werthaltige Grundstücke in Florida, können enterbte Kinder nur an dem deutschen, nicht aber dem amerikanischen Nachlass Pflichtteilsansprüche geltend machen.

### Vorsicht bei Ehegattentestamenten und Erbverträgen

Gerade für deutsche Ehegatten, die Vermögen im Ausland haben oder mit einem Ausländer verheiratet sind, ist erbrechtlich größte Vorsicht geboten. Vornehmlich in romanischen Staaten, etwa in Italien, wird weder das gemeinschaftliche Ehegattentestament noch ein Erbvertrag anerkannt. Probleme können sich aber auch im Hinblick auf die ehelichen Güterstände eines anderen Staates ergeben. Hier schützt nur eine vorbeugende Beratung durch einen Erbrechtsexperten vor unangenehmen Überraschungen.

### Erbschein bei Auslandsbezug?

*Gilt der deutsche Erbschein im Ausland?*

Deutsche Nachlassgerichte erteilen nur dann einen Erbschein, wenn deutsches Erbrecht zu Anwendung kommt. Gilt ausländisches Erbrecht, so sind

deutsche Nachlassgerichte nur für diejenigen Vermögenswerte zuständig, die der Erblasser in Deutschland hinterlassen hat.
**Beispiel:** Ein Österreicher mit letztem Wohnsitz in Deutschland hinterlässt auch deutsches Vermögen. Er wird – nach dem Staatsangehörigkeitsprinzip – nach österreichischem Erbrecht beerbt. Die deutschen Nachlassgerichte können für das Vermögen in Österreich keinen Erbschein erteilen; hierfür sind ausschließlich die österreichischen Gerichte zuständig. Für das Immobilienvermögen in Deutschland können die deutschen Gerichte dagegen einen „gegenständlich beschränkten Erbschein" erteilen.

### Rechtswahl

*Kann man testamentarisch vorsorgen?*

Für unsere ausländischen Mitbürger bietet sich die durchaus interessante Möglichkeit, für in Deutschland gelegene Immobilien deutsches Erbrecht zu wählen. Dem deutschen Erblasser ist es dagegen – jedenfalls was sein deutsches Vermögen anbelangt – verwehrt, eine ausländische Erbrechtsordnung zu wählen.

**Was ein Erbrechtsexperte für Sie tun kann:**

- Klärung, welche Erbrechtsordnung mit welchen Rechtsfolgen auf den Erbfall mit Auslandsbezug zur Anwendung kommt;
- Gestaltung eines Testaments, das den formalen und inhaltlichen Anforderungen im In- und Ausland genügt;
- Korrespondenz mit ausländischen Anwälten und Notaren.

## 7.2 Als Erbe in die Pleite?

*Nimmt ein Erbe einen Nachlass an, kann er in eine persönliche Katastrophe schlittern. Die Erbschaft muss nämlich nicht nur aus positiven Vermögenswerten bestehen; es können auch Schulden vorhanden sein, für deren Tilgung der Nachlass nicht ausreicht. Nimmt der Erbe einen überschuldeten Nachlass an, haftet er persönlich für diese Schulden. Das kann zur finanziellen Katastrophe führen, mit der Folge, dass eine eidesstattliche Versicherung (früher: Offenbarungseid) abgelegt werden muss. Doch es gibt für die Erben viele Möglichkeiten, ihr Privatvermögen zu schützen.*

*Keine Angst vor Nachlassschulden!*

### Das breite Spektrum der Nachlassverbindlichkeiten

Ein Erbe sollte sich zunächst einmal einen Überblick verschaffen, was alles an Verbindlichkeiten vorhanden ist. Ein Schuldenberg ist schnell aufgehäuft. Der Erblasser kann im Mietrückstand gewesen sein. Es können Unterhaltsansprüche, Steuerschulden gegen ihn bestanden haben oder Ansprüche aus Darlehen oder Bürgschaften.

Zu diesen, vom Verstorbenen verursachten so genannten „Erblasserschulden“ addieren sich die „Erbfallschulden“. Wie der Name sagt, handelt es sich dabei um Verbindlichkeiten, die durch den Erbfall selbst entstehen: die Kosten der Testamentseröffnung, Beerdigungskosten, Pflichtteilsansprüche, Vermächtnisse, Auflagen und die Erbschaftsteuer.

Hinzu treten die „Nachlasserbenschulden“: Auch die Verwaltung des Nachlasses und die Fortführung eines geerbten Unternehmens sind nicht zum Nulltarif zu haben. Die Kosten unaufschiebbarer Reparaturen an einer Immobilie oder Lohnzahlungen für Angestellte des Erblassers bilden manchmal die Spitze des Schuldenbergs.

### Ausschlagung des Erbes: Sinnvoll nur bei offensichtlicher Überschuldung

*Wann soll die Erbschaft ausgeschlagen werden?*

Die sicherste Art und Weise, sich der Gläubiger eines Erblassers zu entledigen, ist die Ausschlagung der Erbschaft. Ein Erbe hat sechs Wochen Zeit zu entscheiden, ob er die Erbschaft behalten will oder nicht. Diese Sechs-Wochen-Frist beginnt zu laufen, nachdem Sie erfahren haben, dass Sie der rechtmäßige Erbe sind. Waren Sie zur Zeit des Versterbens des Erblassers im Ausland oder hatte der Erblasser seinen letzten ausschließlichen Wohnsitz im Ausland, beträgt die Frist sechs Monate.

Doch die Ausschlagung des Erbes ist nur bei offensichtlicher Überschuldung des Nachlasses geboten. Vor allem dann, wenn keine Informationen über die konkrete Höhe der Vermögenswerte und Schulden vorhanden sind,

sollte das Erbe nicht ausgeschlagen werden. Der Gesetzgeber stellt für diese Fälle sinnvolle Instrumentarien zum Schutz des Privatvermögens zur Verfügung.
Besonders schwierig ist die Entscheidung über Annahme oder Ausschlagung der Erbschaft, wenn es sich um ein völlig undurchsichtiges Konglomerat aus Schulden und Vermögenswerten handelt. Hinterlässt der Erblasser etwa ein Handelsunternehmen und ist nicht ganz klar, ob die im Ladengeschäft feilgebotenen Gegenstände bereits bezahlt sind, ist schwer abschätzbar, wie groß das Vermögen des Verstorbenen tatsächlich zum Zeitpunkt des Erbfalls war. Die Waren im Geschäft könnten auch in Kommission genommen worden sein und dem Erblasser gar nicht (mehr) gehören. Ebenso können sie schon vom Kunden bezahlt, aber nur noch nicht abgeholt sein. In solchen Fällen reicht oft die Ausschlagungsfrist von sechs Wochen nicht aus, um Licht in das Dunkel des Nachlasswertes zu bringen.

### Anfechtung der Annahme

*Was tun, wenn Schulden erst später bekannt werden?*

Stellt sich erst nach Ablauf der Ausschlagungsfrist heraus, dass der Erblasser überschuldet war, können die Erben sich durch Anfechtung der Annahme der Erbschaft wieder des Nachlasses entledigen. Voraussetzung dafür ist jedoch, dass der Erbe sich – rechtlich relevant – geirrt hat; der Gesetzgeber setzt hierfür aber enge Grenzen. Es ist notwendig, gegenüber dem Nachlassgericht nachzuweisen, dass die Überschuldung der Erbschaft erst zu einem späteren Zeitpunkt erkennbar wurde. Die Anfechtungserklärung ist beim Nachlassgericht zur Niederschrift oder in öffentlich beglaubigter Form (also in notarieller Form) abzugeben; ein einfacher Brief genügt nicht. Auch hier ist eine Sechs-Wochen-Frist einzuhalten. Diese Frist läuft ab dem Zeitpunkt, an dem der Erbe von der Überschuldung erfahren hat.

### Vorsicht bei Inventarfristsetzung durch das Gericht

*Gerichtliche Fristen müssen beachtet werden!*

Wird Ihnen als Erbe vom Gericht aufgegeben, innerhalb einer bestimmten Frist ein Inventarverzeichnis über den Nachlass zu erstellen, muss dies auf jeden Fall termingerecht erfolgen. Auch darf nichts bewusst verschwiegen werden. Die Folge wäre sonst die unbeschränkte Haftung des Erben für Nachlassverbindlichkeiten mit seinem Eigenvermögen. Einer Fristsetzung durch das Gericht kann man entgehen, wenn man als Erbe selber einen Antrag auf Aufnahme des Inventars stellt.

### Dreimonatseinrede: Schonfrist für den Erben

Innerhalb von drei Monaten nach Annahme des Erbes kann der Erbe sich weigern, Nachlassverbindlichkeiten zu tilgen. Er kann innerhalb dieser Schonfrist den Nachlass sichten und entscheiden, ob er seine persönliche Haftung mit weiteren Maßnahmen beschränkt.

### Aufgebotsverfahren: Aufschub und Aufklärung

*Überblick zu den Schulden verschaffen*

Innerhalb eines Jahres nach der Annahme der Erbschaft kann der Erbe beim Nachlassgericht auch den Antrag stellen, dass alle Gläubiger in einer öffentlichen Ausschreibung aufgefordert werden, Forderungen gegen den Nachlass anzumelden. Wer sich überhaupt nicht oder verspätet meldet, wird vom Gericht als Gläubiger ausgeschlossen und erhält nur dann etwas, wenn der Nachlass – nach Begleichung aller vorrangigen Gläubiger – noch nicht erschöpft ist. Im Wege des Aufgebotsverfahrens erhält der Erbe eine zuverlässige Übersicht über die Höhe der Verbindlichkeiten. Solange das beantragte Aufgebotsverfahren andauert, muss der Erbe keine Nachlassverbindlichkeiten tilgen.

### Keine Nachlassteilung vor vollständiger Schuldentilgung!

Eine Erbengemeinschaft sollte den Nachlass erst dann unter sich aufteilen, wenn alle Schulden reguliert sind. Denn bis zur Teilung kann jeder einzelne Miterbe seine Haftung auf seinen Nachlassanteil beschränken (etwa wenn er alleine von einem Nachlassgläubiger in Anspruch genommen wird). Solange der Nachlass nicht geteilt ist, ist auch die Haftung mit dem Privatvermögen des Miterben ausgeschlossen.

### Amtliche Nachlassverwaltung: Schutz des eigenen Vermögens der Erben

*Wie schützt der Erbe sein Privatvermögen?*

Sobald der Erbe genau weiß, mit welchen Schulden er es zu tun hat, sollte er weitere Maßnahmen ergreifen. Soweit ihm die Anfechtung der Annahme der Erbschaft nicht möglich ist, kann er sein eigenes Vermögen schützen, indem er beim Nachlassgericht eine Nachlassverwaltung beantragt. Der Erbe braucht sich dann auch nicht mit der Befriedigung der Nachlassgläubiger auseinanderzusetzen, weil dies dann Aufgabe des Nachlassverwalters ist. Das Gericht bestimmt dann einen Nachlassverwalter, die Gläubiger können ihre Ansprüche nun nur noch gegenüber diesem Verwalter geltend machen: Der Erbe ist damit „aus dem Schneider". Sämtliche Zwangsvollstreckungsmaßnahmen, die ein Nachlassgläubiger in das Privatvermögen des Erben eingeleitet hat, sind nun auf dessen Antrag aufzuheben. Dieser Weg ist aber nur dann eröffnet, wenn eine Erbengemeinschaft noch nicht auseinandergesetzt ist.

### Amtliches Nachlassinsolvenzverfahren: Liquidierung des Nachlasses

Bei Überschuldung des Nachlasses oder drohender Zahlungsunfähigkeit muss der Erbe beziehungsweise der Nachlassverwalter unverzüglich die Eröffnung eines Nachlassinsolvenzverfahrens beantragen. Zuständig ist nun das Insolvenzgericht. Sobald der Antrag gestellt ist, muss der Erbe nicht mehr mit seinem eigenen Privatvermögen haften. Der vom Gericht eingesetzte Insolvenzverwalter übernimmt dann – abhängig vom vorhandenen Nachlass – die gleichmäßige Befriedigung der Nachlassgläubiger.

### Dürftigkeitseinrede: Letzte Hilfe für verfolgte Erben

*Was tun bei dürftigem Nachlass?*

Wenn der Nachlass derart überschuldet ist, dass die „Masse" nicht einmal ausreicht, um die Kosten der Nachlassverwaltung oder eines Nachlassinsolvenzverfahrens zu begleichen, werden diese amtlichen Verfahren nicht mehr durchgeführt. Den Erben kann aber auch hier geholfen werden. Sie können sich mittels der „Dürftigkeitseinrede" darauf berufen, dass der Nachlass nicht ausreicht, um die Forderungen zu erfüllen und müssen ihr privates Vermögen nicht antasten. Auf Verlangen der Gläubiger haben sie aber den vorhandenen Nachlass zur Verfügung zu stellen.

### Beschränkung der Erbenhaftung während einer Zwangsvollstreckung

*Schutz gegen Vollstreckungstitel*

Auch zu einem sehr späten Zeitpunkt, also dann, wenn bereits Prozesse laufen oder ein Gläubiger einen Vollstreckungstitel erwirkt hat, kann der Erbe noch erreichen, dass die Haftung mit seinem Privatvermögen ausgeschlossen wird. Dieser Schutz wird ihm aber in drei Fällen vom Gesetzgeber versagt:

- wenn der Erbe eine ihm gesetzte Frist zur Errichtung eines Nachlassinventars hat verstreichen lassen;
- wenn der Erbe bei der Inventarerrichtung wissentlich falsche Angaben gemacht oder die Auskunft verweigert bzw. erheblich verzögert hat;
- wenn der Erbe nicht bereit war, an Eides Statt zu versichern, dass ein von ihm erstelltes Nachlassverzeichnis richtig ist.

**Was ein Erbrechtsexperte für Sie tun kann:**

*Ein Erbrechtsexperte hilft im Notfall.*

- Beratung zur Frage, ob das Erbe angenommen oder ausgeschlagen werden soll
- Unterstützung bei Maßnahmen zur Herbeiführung einer Haftungsbegrenzung
- Vertretung vor dem Nachlass- bzw. Insolvenzgericht und gegenüber Nachlassgläubigern

# Netzwerk deutscher Erbrechtsexperten e.V.

Das Netzwerk Deutscher Erbrechtsexperten e.V. ist eine bundesweite Kooperation von Rechtsanwälten, die sich auf die Beratung des Mandanten im Erb- und Erbschaftsteuerrecht spezialisiert haben.

Alle Mitglieder sind Anwälte und haben erfolgreich den „Spezialisierungslehrgang Erbrecht" der Deutschen Vereinigung für Erbrecht und Vermögensnachfolge e.V. absolviert. Seminare und Vorträge zu erbrechtlichen Themen, die Durchführung von Erbrechtstagen sowie die Veröffentlichung von erbrechtlicher Fachliteratur dokumentieren die hohe Kompetenz und Erfahrung der Anwälte in der erbrechtlichen Beratung.

Netzwerk Deutscher Erbrechtsexperten e.V.
Schlossstraße 26
12163 Berlin

## Armin Abele

Fachanwalt für Erbrecht
Testamentsvollstrecker
Sozius bei Dr. Kroll & Partner
Rechtsanwälte und Notar
Reutlingen – Stuttgart – Balingen
Tel.: 0 71 21/3 24 81
Fax: 0 71 21/3 24 12
E-Mail: a.abele@kp-recht.de
www.kp-recht.de

**Vita**

- Studienwahlfach Erbrecht
- 18-tägiger Spezialisierungslehrgang
- Testamentsvollstreckerlehrgang (DVEV)
- berufsbegleitender Studienlehrgang „Unternehmensnachfolge" an der Uni Mannheim
- Verfasser von Fachaufsätzen
- Autor im Praxishandbuch Erbrecht (Deubner Verlag)
- Vorstand der RA-Kammer Tübingen

**Mitgliedschaften**

- „Netzwerk Deutscher Erbrechtsexperten e.V." und „Netzwerk Deutscher Testamentsvollstrecker e. V."
- „Deutsche Vereinigung für Erbrecht und Vermögensnachfolge e. V. (DVEV)"
- „ARGE Erbrecht" im Deutschen Anwaltverein

## Klaus Becker

Fachanwalt für Erbrecht
Testamentsvollstrecker
Friedrich-Willhelm-Platz 9/10
52062 Aachen
Tel.: 02 41/2 49 94
Fax: 02 41/40 34 93
www.klaus-becker-erbrecht.de

Rechtsanwalt Becker ist seit 1983 selbständig als Anwalt und seit 1997 nahezu ausschließlich auf dem Gebiet des Erbrechtes tätig. Er ist ausgebildeter Notariatsfachangestellter und hat einige Jahre als Tutor für Rechtskunde in Köln unterrichtet.

- Ab 1996: Regelmäßige Fortbildung im Erbrecht
- 2001: Testamentsvollstreckerlehrgang mit Testat
- 2003: Geprüfter Teilnehmer am 1. bundesweiten Spezialisierungslehrgang im Erbrecht der DVEV
- 2003: Gründungsmitglied „Netzwerk Deutscher Erbrechtsexperten e. V."
- 2005: Fachanwalt für Erbrecht
- 2005: Mitglied Prüfungsausschuss „Fachanwalt Erbrecht" RAK Köln

## Florian Enzensberger

Fachanwalt für Erbrecht
Testamentsvollstrecker
Kanzlei Wölke u. Kollegen
Bahnhofstraße 9 · 82362 Weilheim
Tel.: 08 81/92 49 00
Fax: 08 81/9 24 90 10
E-Mail:
florian.enzensberger@woelke-partner.de
www.woelke-partner.de

- Gründungsmitglied des „Netzwerks Deutscher Erbrechtsexperten e. V."
- Gründungsmitglied des „Netzwerks Deutscher Testamentsvollstrecker e.V."
- Veranstalter und Initiator der Erbrechtstage Oberland und Wolfratshausen
- Autor des Fachbuchs „Der Fachanwalt für Erbrecht" (Zerb-Verlag) 2005
- Herausgabe des Fachbuchs „Vorsorgegestaltung" (Haufe-Verlag), 2005
- Autor des Fachbuchs „Das erfolgreiche Erbrechtsmandat" (Verlag Recht und Praxis), 2004
- Autor des Ratgebers „Testamente für Ärzte" (Medizin-Verlag), 2005

## Hans-Oskar Jülicher

Fachanwalt für Erbrecht
Testamentsvollstrecker
Vereidigter Buchprüfer
Ostpromenade 1 · 52525 Heinsberg
Tel.: 0 24 52/97 60 90
Fax: 0 24 52/90 90 56
E-Mail: info@erbrecht-heinsberg.de
www.erbrecht-heinsberg.de

- Vorstand des „Netzwerks Deutscher Erbrechtsexperten e. V."
- Regionalbeauftragter für den OLG-Bezirk Köln der ARGE Erbrecht (DAV)
- Dozent in Lehrgängen zum Fachanwalt für Erbrecht
- Mitbegründer der Deutschen Erbrechtsakademie
- Autor „Erbrecht in der Praxis" (Deubner Verlag)
- Mitautor des Werks „Das erfolgreiche Erbrechtsmandat" (Deubner Verlag)
- Mitautor „Patientenverfügung und Vorsorgevollmacht – Der Leitfaden für die optimale Vorsorge für Alter, Krankheit und Unfall"
- Autor diverser Fachartikel in juristischen Zeitschriften
- Mitglied des Vorprüfungsausschusses der Rechtsanwaltskammer Köln für den Fachanwalt für Erbrecht

## Bernhard F. Klinger

Fachanwalt für Erbrecht
Testamentsvollstrecker
Keplerstraße 1 · 81679 München
Tel.: 0 89/98 25 65
Fax: 0 89/99 89 48 44
www.RAKlinger.de

- DVEV-zertifizierter Spezialist im Erbrecht
- DVEV-geprüfter Testamentsvollstrecker
- Vorstand des „Netzwerks Deutscher Erbrechtsexperten e. V."
- Vorstand des „Netzwerks Deutscher Testamentsvollstrecker e. V."
- Herausgeber des „Münchener Prozeßformularbuchs Erbrecht" (Verlag C. H. Beck)
- Autor im „Beck´schen Prozessformularbuch", Kapitel Erbrecht (Verlag C. H. Beck)
- Autor des Beck-Rechtsberaters „Erbrecht in Frage & Antwort" (dtv-Verlag)
- Ständiger Autor des monatlichen Fachbeitrags „NJW-Spezial Erbrecht" (Verlag C. H. Beck)
- Herausgeber des stern-Ratgebers „Patientenverfügung und Vorsorgevollmacht"
- Autor des Ratgebers „Testament für Ärzte" (Verlag C. F. Müller)

## Sven Klinger

Fachanwalt für Erbrecht
Testamentsvollstrecker
KLINGER – Kanzlei für Erbrecht
Schlossstraße 14 · 19053 Schwerin
Tel.: 03 85/55 51 94
Fax: 03 85/55 51 49
www.klinger-erbrecht.de

- Gründungsmitglied und Berater des „Netzwerks Deutscher Erbrechtsexperten e. V."
- Gründungsmitglied und Berater des „Netzwerks Deutscher Testamentsvollstrecker e. V."
- Vorsitzender der Vereinigung für „Erbrecht Mecklenburg-Vorpommern e. V."
- Vorsitzender des Fachausschusses Erbrecht bei der Rechtsanwaltskammer Mecklenburg-Vorpommern
- Regionalbeauftragter der Arbeitsgemeinschaft Erbrecht im Deutschen Anwaltverein für den OLG Bezirk Rostock
- Geschäftsstellenleiter der Deutschen Schiedsgerichtsbarkeit für Erbstreitigkeiten für den Landesgerichtsbezirk Schwerin
- Marathonläufer

## Stephan Konrad

Fachanwalt für Erbrecht
Testamentsvollstrecker
Fachanwalt für Miet- und Wohnungseigentumsrecht
Elsa-Brändström-Str. 2
33602 Bielefeld
Tel.: 05 21/6 46 47
Fax: 05 21/6 46 56
www.mkr-jur.de
Rechtsanwalts-und Patentanwaltspartnerschaft Musiol, Konrad, Rolf, Frohoff

**Vita:**

- geprüfter Teilnehmer des 1. Spezialisierungslehrgangs „Erbrecht" der DVEV
- geprüfter Teilnehmer des Testamentsvollstreckerlehrgangs der DVEV
- Pressesprecher des „Netzwerks Deutscher Erbrechtsexperten e. V."
- Vorsitzender des „Netzwerks Deutscher Testamentsvollstrecker e. V."

**Aktivitäten:**

- „Deutsche Vereinigung für Erbrecht und Vermögensnachfolge e. V." (DVEV)
- „Netzwerk Deutscher Erbrechtsexperten e. V."
- „Netzwerk Deutscher Testamentsvollstrecker e. V."

## Thomas Maulbetsch

Rechtsanwalt
Testamentsvollstrecker
Kanzlei für Erb- und Wirtschaftsrecht
Forststraße 32 · 64658 Fürth / Odw.
Tel.: 0 62 53/98 02 25
Fax: 0 62 53/98 02 22
E-Mail: info@erbrecht-fuerth.de
www.erbrecht-fuerth.de

**Tätigkeitsschwerpunkte im Erbrecht:**

- Testamentsgestaltung
- Internationales Erbrecht
- Übergabeverträge
- Unternehmensnachfolge
- Erbauseinandersetzung
- Pflichtteilsrecht
- Vorsorgevollmacht etc.

**Aktivitäten:**

- Mitautor u. a. bei „Der Fachanwalt für Erbrecht" (Zerb verlag), „Vorsorgegestaltungen" (Haufe Verlag), „Das erfolgreiche Erbrechtsmandat" (Deubner Verlag)
- Initiator Odenwälder Erbrechtstage
- Fachanwaltlehrgang Steuerrecht
- erbrechtliche Fachveröffentlichungen

## Joachim Mohr

Fachanwalt für Familienrecht
Testamentsvollstrecker
Wingert 18 · 35396 Gießen
Tel.: 06 41/95 26 00
Fax: 06 41/9 52 60 20
E-Mail: kontakt@kanzlei-mohr.de
www.kanzlei-mohr.de

**Mitgliedschaften:**

- Mitglied im „Netzwerk Deutscher Erbrechtsexperten e. V."
- Vorstand des „Netzwerks Deutscher Testamentsvollstrecker e. V."
- Vorstand des „Vereins für Erb- und Vermögensnachfolgeplanung e. V."
- Mitbegründer der Deutschen Erbrechtsakademie
- Mitglied im Fachausschuss Erbrecht der Rechtsanwaltskammer Frankfurt am Main

**Veröffentlichungen:**

- „Das erfolgreiche Erbrechtsmandat" Verlag Recht und Praxis, Mitautor
- „Patientenverfügung und Vorsorge vollmacht", Stern-Ratgeber, Mitautor
- Fachartikel in juristischen Zeitschriften
- Der Erbfall-Zeitungskolumne (www.DerErbfall.de)

## Joachim Müller

Fachanwalt für Erbrecht
Pfarrstraße 68 – 70 · 56564 Neuwied
Tel.: 0 26 31/9 16 50
Fax: 0 26 31/91 65 17
E-Mail: info@afm-neuwied.de
www.afm-neuwied.de

**Vita:**

- seit 1989 als Rechtsanwalt zugelassen
- 1991 Fachanwaltslehrgang im Steuerrecht
- Mitglied AG Steuerrecht im DAV
- seit 2000 Mitglied der „Deutschen Vereinigung für Erbrecht und Vermögensnachfolge" (DVEV)
- 2003 Teilnahme am 18-tägigen Spezialisierungslehrgang im Erbrecht der DVEV
- DVEV-zertifizierter Spezialist im Erbrecht
- DVEV-geprüfter Testamentsvollstrecker

**Tätigkeiten:**

- Beratungsschwerpunkt Gestaltung von Vermögens- und Unternehmensübergaben bzw. Nachfolgeregelungen
- Stifter- und Stiftungsgründungsberatung
- Testamentsvollstreckungen

## Wolfgang Roth

Fachanwalt für Erbrecht
Testamentsvollstrecker
Hauptstraße 31 · 74847 Obrigheim
Tel.: 06261/67 11 00
Fax: 06261/67 11 01
E-Mail: roth@raits.de
www.erbrechtsexperte.de

**Tätigkeitsschwerpunkte:**

- Vorsorgevollmachten
- Übergabeverträge
- Testamentsgestaltungen
- Erbauseinandersetzungen

**Besondere Aktivitäten:**

- Dozent an der staatl. Berufsakademie in Mosbach, Fachbereich Recht
- Referent im Lehrgang zum Fachanwalt für Erbrecht
- (Mit-) Autorentätigkeit: „Erbrecht und Betreuungsfall“, 2005 STERN-Ratgeber „Patientenverfügung und Vorsorgevollmacht“, 2005 „Das erfolgreiche Erbrechtsmandat“, 2005, „Der Fachanwalt für Erbrecht“, 2006 weitere div. Fachpublikationen

## Gerhard Ruby

Fachanwalt für Erbrecht
Kanzlei für Erbrecht
Niedere Straße 63
78050 Villingen-Schwenningen
Tel.: 0 77 21/6 34 50
www.ruby-erbrecht.de

Gerhard Ruby ist

- zu hundert Prozent auf den Gebieten Erbrecht und Erbschaftsteuerrecht tätig
- Gründer der ersten „Kanzlei für Erbrecht“ in Deutschland
- wird in allen Anwaltslisten des Nachrichtenmagazins Focus zu den ersten Erbrechtsanwälten der Republik gezählt
- Autor und Mitautor zahlreicher erbrechtlicher Fachbücher und Fachaufsätze
- Erfinder und Veranstalter zahlreicher Erbrechtstage
- Leiter des Deutschen Forum für Erbrecht in Baden-Württemberg
- Referent von über 400 Vorträgen zum Erbrecht
- Gast zahlreicher Fernseh- und Rundfunksendungen zum Thema Erbrecht

## Stefanie Scheuber

Fachanwältin für Erbrecht
Bauer Scheuber Rechtsanwälte GbR
Theodorstraße 1 · 90489 Nürnberg
Tel.: 09 11/95 51 23 20
Fax: 09 11/9 55 12 32 22
E-Mail:
stefanie.scheuber@bauer-scheuber.de
www.bauer-scheuber.de

- Gründungsmitglied des „Netzwerks Deutscher Erbrechtsexperten e. V."
- im Magazin Focus 44/2003 als Rechtsanwältin für Erbrecht empfohlen
- Mitglied im Prüfungsausschuss „Fachanwalt für Erbrecht" der Rechtsanwaltskammern Nürnberg und Bamberg
- Autorin in „Das erfolgreiche Erbrechtsmandat", 2005, Kapitel Vorweggenommen Erbfolge (Verlag Recht & Praxis)
- Referententätigkeit im Bereich Erbrecht und Unternehmensnachfolge für die IHK Nürnberg für Mittelfranken
- Mitglied der „Deutschen Vereinigung für Erbrecht und Vermögensnachfolge e. V."

## Barbara Schüller

Fachanwältin für Erbrecht
Wallstraße 2 · 79098 Freiburg
Tel.: 07 61/3 63 33
Fax: 07 61/2 50 54
E-Mail: info@erbrecht-schueller.de
www.anwaeltinnen-kanzlei.de

Seit 1986 bin ich selbständige Rechtsanwältin in Freiburg und arbeite fast ausschließlich auf dem Gebiet des Erbrechts:
Erstellung von Testamenten, Pflichtteilsrecht, Auseinandersetzung von Erbengemeinschaften, Erbprozesse, Erbscheinsverfahren, Vermögensübertragungen zu Lebzeiten zwecks Steuerersparnis, Testamentsvollstreckung, Internationales Erbrecht

- Gründungsmitglied des Netzwerks Deutscher Erbrechtsexperten e. V.
- Geschäftsstellenleiterin der Deut schen Schiedsgerichtsbarkeit in Erbstreitigkeiten in Freiburg i. Br.
- Mitglied im Fachausschuss Erbrecht der Rechtsanwaltskammer Freiburg

Repräsentative Kanzleiräume in der Freiburger Innenstadt direkt neben dem Amtsgericht

**Herausgeber**
Netzwerk Deutscher Erbrechtsexperten e.V.
Schlossstraße 26 · 12163 Berlin · www.NDEEX.de

**Layout und Produktion**
Capersville Advertising
Südanlage 30 · 35390 Gießen · www.capersville.de

ISBN: 3-00-018455-4